どんな悪口も一瞬で
ポジティブ変換！

誹謗中傷対策講座

ネイビーズアフロ　みながわ
イラスト　室木おすし

JN221500

飛鳥新社

はじめに

「のれん」の法則

はじめに

SNSの普及で、「誹謗中傷」という言葉がすっかり生活に密接になってしまった世の中で、皆さん、いかがお過ごしでしょうか。

誰かの心ない言葉が原因で、自ら命を落とす人のニュース。そんな悲しい情報が世の中を駆け巡ってもなくならない、それどころか増えていく悪辣《あくらつ》な言葉たち。実際にそんな言葉を向けられて悩む人、そんな言葉を見聞きして心が疲弊している人、皆さんの気持ちが少しでも楽になる方法を記したいと思い、この本を書きました。

そんな方法あるの？　残酷な言葉の刃には太刀打ちできないように思えますが、泣き寝入りなんて悔しいですよね？

まず、大前提として、ネット上に匿名で他者を傷つける内容を書き込むなど、陰湿な手口で他者を罵《ののし》るような人間は、問答無用で「愚《ぐ》」です。そのような人間を呼ぶために要する時間は非常にもったいないため、最速で呼び終えることができるものであるべきです。**よって、1文字で「愚」です。**

口に出して発音する場合には、なるだけ短時間で終えることができるよう、小さい「つ」を伴うことにします。表記が難しいのですが、**「ぐっ」**のようなイメージです。

さて、SNSで匿名の悪口を書き込まれたとき、あなたならどうしますか？

きっと思いつくパターンは大きく3通りではないでしょうか？

1つ目は、「反論する」。

これは私の考えでは、最悪のパターンです。書き込まれた悪口に対して言い返す。きっとまた言い返してくる。これでは、愚と会話を繰り広げることになってしまいます。あなたと愚とでは月とすっぽん、いや、木星とすっぽんの赤血球ほど違うのです。それほどあなたは高尚なのですから、**対等に張り合わなくて結構です。**

2つ目は、「ブロックする」。

SNSには、「ブロック」という機能があります。気に入らない相手のアカウントをブロックすれば、相手はこちらのアカウントにコメントができませんし、閲覧すらできなくなります。

しかし愚のことです。新たにアカウントを作って再びやってくるでしょう。アカウントは、メールアドレスさえ手に入れれば作ることができますから。

つまり、**ブロックによって、愚の発信装置がこの世界に新たに誕生してしまう恐れがある**わけです。新たに愚のメールアドレスにされるアルファベットや数字も不憫でなりませんし。

3つ目は、「無視する」。

これが最善の策だと感じる方がきっと多いでしょう。何も触れずにスルーする。

たしかに、いいと思います。

でも、やはり言われっぱなしって腹立たしいですよね？　鬱陶《うっとう》しいですよね？

なぜ、愚みたいなもののために、こちらが我慢する労力を費やさなければならないのか？

甚《はなは》だ疑問な訳です。

たまに、「俺、何言われても何も感じないから」という人がいるんです。ずっと、「羨《うらや》ましいな」と思っていました。事務所の先輩にもそういう方がいて、「この人みたいになりたいな！」と思っていました。皆さんご存知の明石家さんま師匠です。

明石家さんま師匠には、伝説として語り継がれる、あるエピソードがあります。

その昔、街中で突然見知らぬ中学生にお尻を蹴られたさんま師匠。振り返ってすかさず、「ナイスキック！」と言い放ったそうです。

この話を聞いて、「僕もそんな、いつでも明るい人になりたいな！」と思っていました。

ところが、最近になってさんま師匠のラジオを聴いていると、こうおっしゃっていたのです。

「あの中学生、ほんま。怒鳴ってしばいたろうか思ったけど、なんとか我慢してナイスキックて言うてやったんや」

衝撃でした。明るい気持ちで言ってたわけじゃなかったんだ！　あの明石家さんま師匠でも、怒ることも、我慢することもあるんだ！　と。

それから私は、「俺、何言われても何も感じないから」と言われても、「嘘つけよ！」としか思えなくなりました。あの日本一明るい男でも腹を立てるんだから、生まれつき何も気にならない完璧な人間なんていているわけがありません。

だから、やはりこの3つ目のパターンの「無視する」も理不尽に感じてしまうのです。

そこで私は、4つ目のパターンを提案します。

4つ目のキーワードはズバリ、「のれん」です。

皆さんは、「のれんに腕押し」ということわざをご存知ですか？「力を入れても手応えのない様子」という意味です。皆さんにはこの「のれん」になってほしいのです。

愚が、

「あれ？　こっちが言ったこと、全然伝わってないなぁ」

「あれ？　こいつひょっとして、会話できるやつじゃないなぁ」

と思ってくれたら、きっと向こうは何も言ってはきません。

さらに、「こいつを傷つけようと思って言ったのに、なんかこっちの言葉を養分にして元気になってやがる！」とまで思わせることができれば、こんなに気持ちが良いことってあるでしょうか？
この本では、そう思わせる方法をまとめておきました。

さぁ、高尚な皆さん。
のれんになりましょう！

第1章

○○と言われたら 基本編

1

「○ね」と言われたら

「○ね」という言葉を浴びせられたとき、やはり不快な気分になりますよね。最近では、会話やSNSの中で、比較的冗談めかしく使われることが増えているように感じます。それにしても、やはり改めて考えれば、他者に対して絶対に使うべきでない、劣悪な言葉であることは明らかです。

あなたは、「○ね」と言われたことがありますか？　その言われたときの状況にもよりますが、傷ついた方もいらっしゃるのではないでしょうか？　でも、その必要はありません。

まず、「○ね」をローマ字表記してみましょう。

「○ね」＝「SHINE」。

おや？　何かが浮かび上がりましたね！　そうです！　中学校で学んだ英単語です！

「○ね」と相手に言われた場合は、「SHINE」の読み方を間違えているんだと解釈しましょう。「今日、あいつにＳＨＩＮＥって伝えるぞ！」と意気込んだのに、肝心の読み方を間違えてしまったのだと。かわいそうに！

つまり、相手はあなたに、「**光り輝け！**」と伝えたかったのです。

相手は、「あなたは太陽のような人だ。周りの人々を明るく照らすことができるほど素晴らしい人だ！」という意味を込めて、手に「ＳＨＩＮＥ」とメモを書き、その上に「シャイン」と、小さく読み方も添えた。そしてあなたの前に立った。

ところが、あなたに近付くほど、眩しい。当然、目がくらむ。ふと手のメモに目をやると、「ＳＨＩＮＥ」の文字。小さく書いた読み方ははっきりと見えない。そこで仕方なく、ローマ字読みで「○ね」と口走ってしまったのでしょう。かわいそうに！

あなたはそんな嬉しい言葉をもらったんだから、受け取りっぱなしではバチが当たります。**相手にも、相手が素晴らしい人だと伝えてあげなければなりません。**

いかがでしょう？

「太陽のような存在で、素晴らしい人だ」と言われたら、とても嬉しいですよね？　明るい気持ちになりますよね？

そう、その相手もまた、あなたを明るく照らしてくれる太陽に他ならないのです。その事実を、きちんと相手に伝えなければなりません。

結論、相手の「〇ね」に対しては、**「僕1人ではとても無理だ。君も一緒に、世界を照らしてくれないか？」**と言い返しましょう。

謙遜の思いを伝えつつ、きっちりと相手の方を称えた文章になっています。

もちろん、これから共に世界を照らす仲間の証として、固い固い握手も忘れずに。

2

「どっかいけ」と言われたら

「どっかいけ」と言われた場合、落ち込みますよね。「私はこの人に必要とされていないんだ」とか、「私はこの人にとって邪魔な存在なんだ」と、様々な思いを巡らせてしまうかもしれません。

でも、それって本当に相手の気持ちを汲み取れていますか？　あなたは相手が発信しているメッセージに気付けていないだけかもしれませんよ？

考えていただきたいのです。**地球はどんな形をしていますか？**

16世紀にヨーロッパから地球儀が持ち込まれて以降の教育を受けていらっしゃる方でしたら、球体であることは当然ご存知でしょう。そもそも「地〝球〟」ですものね。

いかがでしょう？　地球は丸いのです。「どっか行け」と言われて相手から離れたとしても、そのまま真っ直ぐ進み続ければ、**また相手がいる場所に戻ってくる**ことになりますよね。

つまり、「どっかいけ」というのは、「じっくりこっちおいで」と**同義**であると解釈できるわけです。

その相手は、**きっとシャイな方**なんでしょうね。素直に「こっちへおいで」と言いたくても、すぐにあなたとの距離を縮めるには、心の準備が充分ではないのでしょう。あなたと真っ直ぐ目を合わせるためには、もう少し時間が必要なのでしょう。それだけあなたは魅力的なのですね。素敵。

相手はとても照れているのです。そのメッセージに、あなたは気付いてあげなければなりません。

では、どのように返事をしてあげればよいのか？

「じっくりこっちおいで」の「じっくり」とは、どの程度なのかを考えてみましょう。

今回は、赤道直下のある場所で、あなたと相手がちょうど東西方向に向かい合って会話をしている場合で考えてみます。

「どっかいけ」と言われたあなたは振り返り、真っ直ぐ赤道上を進み始めます。赤道1周の距離はおよそ4万75㎞。あなたが歩く速度を時速３㎞と仮定すると、**再びあなたが相手に出会うのは、およそ５５７日後**ということになります。

つまり、「どっかいけ」と言われた場合、**「オッケー！　なんか買ってくるけど、来年食べたいものある？」**などと言い返してあげればよいのです。

もちろん、これから1年半もあなたをそこで待ち続けてくれる、相手に対しての激励を込めた「ありがとう」もお忘れなく！

3

「最低」と言われたら

「最低！」と言われたら、やはり傷つきますよね。

私自身も経験があります。

あるとき、知人女性のＳＮＳの投稿にこんな内容がありました。

「今日から一緒に旅行に行く予定だった彼氏と、連絡が取れません。荷づくりも終え、しおりまで内緒で作って楽しみにしていたのに。きっと詐欺のたぐいです。完全に騙されました！　皆さん、こんな私を笑ってやってください！」

私はこの投稿に対して、「笑笑」とコメントしました。そこから、その女性からはなんの返信もありませんでした。

この件を周りに相談すると、「お前、最低やん！　誰がそれを額面通りに受け取るねん！」と一蹴されました。

「女性の心情は難しい！　生きるのって難しい！」

そう思いました。

じゃあ、そんな風に書くなよと思いつつも、自分の感覚がずれていることに関しては深く反省しました。
このケースのように、自分自身に非がある場合の他者からの「最低！」は受け入れ、自身の反省点を見つめるべきです。

しかし、悪口はいわれのない場合にも浴びせられるものです。その場合の「最低！」の対処法を説明いたしましょう。

「最低」の解釈を、今一度見つめ直してみます。読んで字の如《ごと》く、「最も低い」という意味。これだけを聞くと、**人の性格のことについて言及しているのか、物理的な位置の話をしているのか、判断しかねますよね。**

そこで、いわれのない「最低！」を言われた場合、つまり自分自身の中に反省点が見当たらない場合は、後者であると解釈しましょう。つまり、物理的な位置の話をしているのだと、考えるわけです。

では、物理的に「最も低い」とは、いったい何を指しているのか？　おそらく、**標高のこと**でしょう。

日本で最も高い場所は、皆さんご存知ですよね？　そう、富士山です。

では反対に最も低い場所と聞かれれば、ほとんどの方が知らないでしょう。ズバリ！　**秋田県の八郎潟《はちろうがた》です。**

地下鉄駅など、人工的につくられた場所を除けば、この八郎潟が最低標高地点だといいます。大部分が干拓によって陸地化され、海抜およそマイナス4メートルほどだそうです。

つまり、「最低！」というのは、「秋田県の八郎潟！」と同義だと解釈できます。

それをあなたに向けて言っているのですから、**「君、秋田県の八郎潟だね！」**という意味になります。きっと、謙虚なあなたを見て、最低標高地点である八郎潟に例えるというユーモラスも込められているのでしょうね。

なのでもし、「最低！」と言われた場合は、「んだ！　おら、八郎潟だ！　ぬぐいとこの人だば、うらやましいな！　ってばしこくでねぇ！」と言い返しましょう。共通語に訳すと、「はい、私は八郎潟です。（秋田県という寒いところにいるので）暖かいところの人がうらやましいです。って嘘をつくものではありませんよ」という意味です。

このように、流暢な秋田弁でノリツッコミを決めてあげれば、相手の方も、さぞお喜びになることでしょう。

Q4

「お前、何ができんねん」
と言われたら

ドラマや映画でも、よく見かけますよね。

「君はいったい、何ができるんだ?」と、上司が部下に叱責しているシーンを。

突然問いかけますが、**「ピグマリオン効果」**と**「ゴーレム効果」**というものをご存知でしょうか? どちらも心理学の用語です。

「ピグマリオン効果」というのは、他者から期待されると成績が向上するという効果です。

反対に、「ゴーレム効果」とは、他者からの評価が得られなくなると成績が低下するというものです。

2つの効果を具体的に説明しましょう。

たとえばあなたが起こしたミスに対する周りの声が、「珍しいね!」だとすれば、「みんな私に期待してくれているのか! これぐらいのミスは気にせず、また頑張ろう!」と思えるはずです。これが、ピグマリオン効果。

しかし、周りの声が、「だからお前はダメなんだよ」だったらどうでしょう？「私は周りから評価されていない。今回のミス以外のことも、常々よく思われていなかったんだ」と、自信をなくし、またミスをする。負のループに陥ってしまうことでしょう。これが、ゴーレム効果。

ピグマリオン効果は積極的に使ってみんなでハッピーになりたいですが、ゴーレム効果は不要ですね。

「なんか元気ないね」とか、「最近疲れてる？」とか、ご友人に対して軽々しく口にしてしまっていませんか？　言われた側はきっとネガティブな気分に苛《さいな》まれていることでしょう。

知らず知らずのうちに、ゴーレム効果の使い手になってしまわないように気を付けましょう。

さて、表題の、「お前、何ができんねん」は、**まさにゴーレム効果の**

権化みたいなものですね。相手を全否定しているのですから。しっかりと言い返し方を心得ましょう。

ここで、3つ目の効果にご登場願いましょう。皆さんは、「**バタフライ効果**」というものをご存知でしょうか？　この効果こそが、今回の言い返しに一役買ってくれるのです。

バタフライ効果とは、「**ほんの小さな出来事が、予想もしなかった大きな出来事に繋がる**」というものです。

たとえば、蝶々が羽ばたいて風が起き、その風が葉っぱを揺らし、そこにいた小さな虫が落下し、足にその虫がついた人が驚いて隣の人にぶつかり、ぶつかられた人が怪我をして、といった具合です。「風が吹けば桶屋が儲かる」と意味が近いかもしれません。

「お前、何ができんねん」と言われたら、バタフライ効果を思い出しましょう。

想像してください。

あなたは生きているだけで、呼吸をする。空気を吸い込んで、二酸化炭素濃度の高い空気を吐き出している。その二酸化炭素は近くの植物の元へ流れていく。そして葉っぱに吸収される。植物たちはこの二酸化炭素を利用して、光合成を行い、生きるためのエネルギーを生成する。

そう。**あなたは生きているだけで、植物たちに命を吹き込んでいるのです。**何もできていない人なんて、この世界に1人もいないのです。

だから今後は、「お前、何ができんねん」と言われたら、「**綺麗なお花、咲かせますよ**」と言い返しましょう。

余談ですが、名曲「サボテンの花」の歌い出しは、「ほんの小さな出来事に愛は傷ついて♫」です。この歌は、「ほんの小さな出来事」が巡り巡って「愛を傷つけた」という、バタフライ効果をテーマにした歌なのかもしれませんね！

5

「かえれ」と言われたら

「かえれ！」と面と向かって言われたら、帰るしかないのでしょうか。「帰れ！」で解釈した場合は、読んで字の如く「帰宅」しなければなりません。

しかし、「返れ！」で解釈した場合はどうでしょう？　「返る」は、「振り返る」とも取れますので、後ろを向けばいいだけですね。「志村、うしろ！」と同義です。

また、「反れ！」も「かえれ！」と読めるようです。「反れ！」で解釈すれば、「上体をそれ！」という意味になりますから、上半身を後ろにそらして、天を仰げばオッケーです。ラジオ体操第一の6番目、「体を前後に曲げる運動」の「5・6・7・8」の掛け声と共に行う動きですね。

さらにさらに、「還れ！」も「かえれ！」と読めます。「還る」は、「野球でランナーがホームへ還る」などで使われる表記です。この場合は、「君はホームランバッターだ！」と言われていると考えましょう。

どれを使っていただいても結構ですが、**私が最も推奨したいのは、「孵れ！」です。**この字、ご存知ですか？「卵が孵《かえ》る」でお馴染みの漢字ですね。つまり、「孵れ！」は「孵化《ふか》しなさい！」という意味になります。

皆さんは、**「刷り込み」**という言葉をご存知ですか？　そう、鳥などが卵から孵って、一番初めに見た動くものを親だと認識してずっとついていく、あの現象です。

「孵れ！」という言葉に従って孵った場合、一番初めに見る動くものは、「孵れ！」と言ってきた相手であるはずですよね？

つまり、**「孵れ！」は、「私を親と認識しなさい」と同義**だということです。これが、私が最も推奨する解釈です。

なので今後は、「かえれ！」と言われた場合、**その場で振り返りましょ**

う。もしくは、唐突にラジオ体操を始めましょう。もしくはガッツポーズをしながら相手のまわりをぐるっと一周しましょう。またもしくは、キラキラした目で相手を真っ直ぐに見つめながら、「お母さん♡」と言い返しましょう。

6

「お前は つかえない」
と言われたら

「お前ほんとつかえねぇな！」というセリフ、ドラマなどでよく耳にしますよね。会社や部活動などで言われた経験がある方もいらっしゃるのではないでしょうか？　しっかり対処法を覚えておきましょう。

「つかえない」は「使えない」と書けば、「役立たず」という意味になってしまいます。

他者に対して「使えない」と言うなんて、自分以外の人のことを自分の目的を遂行するための道具だとでも思っているんでしょうか？　自分の能力でまかないきれない部分を補ってもらえるはずが、補ってもらうことができなかった。それを相手のせいにする。いわば、**自分の能力の欠如を露呈している**とも考えられます。

自分を棚にあげて他者に責任転嫁するなんて、それはそれは立派な棚をお持ちなのですね。

しかし、ここは苛立ちをおさえて発想の転換。「つかえない」を、「**支えない**」と書いてみましょう。

「支える」は、「突き当たったり塞がることで、それ以上先に進めなくなる」という意味です。つまり、「支えない」は「障壁などがなく、スムーズに前へ進める状態」ということになります。

いかがでしょう？　「お前ほんと支えねぇな」は、「**お前に頼めば何も障壁がない。何もかもスムーズに進めることができる**」という意味になります。

そう！「お前支えねぇな」にすることにより、「お前使えねぇな」とは、正反対の意味に変換することができるのです！　これは我ながら大発見！　同音異義語に正反対の意味をもたせるという偉業を成し遂げました！　僕って使えるでしょう!?

なので今後は、「お前はつかえない」と言われた場合、「あなたにつかえる上で、つかえない、つまりはつかえると思っていただき胸のつかえが取れました（あなたに仕える上で、支えない、つまりは使えると思っていただき、胸の痞《つか》えが取れました）」と言い返しましょう。

きっと考えるのも面倒になって、何も言ってきませんよ。

7

「おもしろくない」と言われたら

僭越ながら、お笑い芸人と名乗って仕事をさせていただいている以上、おもしろいか否かは死活問題になってきます。

もちろん、「おもしろくない」などと言われたことは星の数ほどあります。申し訳ありません、言いすぎました。我々が暮らす太陽系が属する銀河系の中で確認されているだけでも2000億個の星がありますものね。明らかに言いすぎました。星の数ほど反省します。

反省したところで話を戻します。

私は、**そもそも「おもしろくない」という概念自体、存在しない**のではないか？　と考えています。もう少し詳しくいえば、日本という国には、「おもしろくない」という概念は存在しないと思うのです。

英語で「おもしろい」ってなんて言うの？　と聞かれたとき、あなたならなんと答えますか？　「funny」でしょうか？　「interesting」でしょうか？　「amusing」でしょうか？

どれも正解です。全て、「おもしろい」と訳せるからです。

厳密にいえば、「funny」は「滑稽《こっけい》だ」という意味の「おもしろい」で、「interesting」は「興味深い」という意味の「おもしろい」です。さらに、「amusing」は「ワクワクする」という意味の「おもしろい」とでも言いましょうか？　いずれにせよ、全ては「おもしろい」の一言に集約できるわけです。

私はここに、日本文化の素晴らしさを見出さずにはいられないのです。声を出して笑うようなことも、へぇーと驚くことも、心拍数が上がるほどにワクワクすることも、**とにかく感情がプラスにはたらくことは全て「おもしろい」**というたったの一言に集約させているわけです。「おもしろい」の定義がこんなにも広い国は他にあるでしょうか？

ここまで定義が広いと、もはや、「おもしろくない」ことなど存在しないのです。誰かの発言を「滑稽」には感じられず、声を出して笑うことがなくても、「なぜこの人はこんなにも滑稽でないのだろう?」と「興味深い」気持ちが湧いてくる。それに、「次はいったいどんな発言が出るのだろう?」と「ワクワクする」し、「こんなにみんな笑ってないのに、ずっと自信満々に話し続けてるよ!」と、ついには「滑稽」に思えてくるわけです。

この国では、「おもしろい」がこんなにも変幻自在にコントロールできる、だから「おもしろくない」ことなど存在しない。もっといえば、「おもしろくない」と他者を切り捨てることは、**「僕では、あなたをおもしろくすることができません」という敗北宣言**だといっても過言ではないのです。

とはいえ、いざ「おもしろくない」と言われたときにこんな長々と説明するわけにもいかないと思いますので、簡単に使える対処法もご紹介しましょう。

「おもしろくない」は**「尾も白くない」**と表記することができます。

「しっぽも白くない」という意味。これはどういうことか？

茶色い柴犬を想像してみてください。背中の方にくるっと回ったしっぽだけが白いわんちゃん、いますよね？「尾も白くない」は、あのしっぽの部分さえも茶色い、つまり、「尾も白くない」は、「むらがない」ということ。

ということで、「君はおもしろくない」は、**「君はむらがなくて、考えが一貫している素晴らしい人だね」**というふうに解釈することができるわけです。

なので今後は、「おもしろくない」と言われた場合、こう言い返しましょう。

「ありがとうございます。でも僕なんてまだまだっす。**尾は白くないですけど、まだまだ顔、つまり面《つら》は白いっす。**だから僕、〝面〟白い（おもしろい）っす」

え？　今回ちょっと強引じゃないかって？　それもまた、おもしろい。

8

「おもんない」と言われたら

「おもしろくない」と言われた場合の対処法をご紹介したところで、「おもんない」と言われた場合についても取り上げておきましょう。

「おもしろくない」は「尾も白くない」と変換しましたが、「おもんない」は**「eau mont ない」**と変換しましょう。

「eau」は「オー」と発音する、フランス語で「水」を表す単語です。「mont」は「モン」と発音する、フランス語で「山」を表す単語です。

つまり、「eau mont ない」は、「オーモンない」となり、**「水や山がない」**と解釈することができます。ここから、海や山などがない光景が連想されますね。海や山などがない光景を思い浮かべてみてください。きっと多くの方は都会の景色をイメージするでしょう。

つまり、「お前はおもんない！」と言われた場合、「お前は海や山がない」と解釈できるので、「君、シティボーイ（ガール）だね！」と捉えることができます。

なので今後は、「おもんない！」と言われた場合、**「めるし〜。それほ**

どでも〜ん」と、限りなく仏語の雰囲気を醸し出しながらへりくだりましょう。

さらに、「くだらない」と言われた場合についても考えてみます。

「くだらない」は「下らない」、つまり、下がることがないということなので、「お前はくだらない」は**「君、ずっとのぼり調子だね！」**と解釈することができます。

なので今後、「お前はくだらない」と言われた場合は、**「もちろん！　ここからどんどん上がってテイク・オフ！」**と言い返しましょう。「テイクオフ（take off）」は「離陸する」や「飛び立つ」という意味がありますので、日本の方に「上がっていく」と伝えられることはもちろん、海外の方へも意気込みを伝えることができますね！

さらにさらに、「つまらない」と言われた場合についても考えてみましょう。「つまる」には、「塞《ふさ》がる」のような意味の他に、「納得する」「筋が通る」という意味があるそうです。こちらの意味の否定形が、「おもしろくない」という意味の「つまらない」で使われるわけですね。

ただ、「つまらない」を「塞がらない」という意味に解釈すれば、「お前はつまらない」は、**「お前に頼めば、何もかもスムーズに進めることができる」**と考えられます。

ここでピンときた方もいらっしゃるのではないでしょうか？　そう！　「お前はつかえない」の項で学んだ解釈と同じなのです！　すぐにわかった方は、対処法が体に馴染んできている証拠ですね！　ぜひ自信に変えてください！

「お前はつかえない」に対しては、「あなたにつかえる上で、つかえない、つまりはつかえると思っていただき胸のつかえが取れました（あなたに仕える上で、支えない、つまりは使えると思っていただき、胸の痞えが取れました)」と返すんでしたね。

今回の「お前はつまらない」に対しては、「私をつまらないと思っていただき、つまらない結末にならずに済んで、つまるところ私もつまりました!」と言い返しましょう。

9

「キモ」と言われたら

わりかし日常的に、そして小さな子どもでも使っている印象のある言葉です。にもかかわらず、言われてしまうとなかなかダメージの大きい悪口ですよね。きっちり対処法も覚えておきましょう。

「きも！」はまず、漢字に変換しましょう。

「きも！」→「肝！」とするのです。あっという間に、「肝臓！」という意味になりました。

あなたに対して、「肝臓！」と言ってくる、その相手の真意は何か？　それは相手にとってあなたが、**肝臓ぐらい、なくてはならない存在であるということです。**

そんな肝臓の役割、理科の授業で習ったのに忘れてしまっている方が多いのではないでしょうか？

肝臓とは、驚くほどに働き者の臓器なのです。担うとされる働きは、なんと

500以上。しかも臓器の中では最大。まさになくてはならないスーパー臓器なのです！

主な働きとしては、例えば解毒があります。アルコールなど、体内の有害な物質を無毒化してくれる。

また食べ物から吸収された栄養素を、利用できる形に変えて貯蔵してくれているのもこの肝臓。

さらにさらに、肝臓は臓器の中で唯一、再生機能を持ちあわせています。ラットの実験では、3分の2を切り取られた肝臓が、わずか1週間で元の大きさに戻ったそうですよ。

つまりまとめると、「きも！」という言葉には、「君は僕にとってなくてはならない存在だ。僕にとって最も大きい存在であるし、僕の悪い部分も浄化してくれる。さらに君はとても強い。

ほんの少し傷ついたって、すぐに立ち直れる強靭な人だ」という意味が含まれていることがわかります。

たったの2文字なのに、これだけたくさんの意味が含まれている。要するに、素晴らしい褒め言葉であるわけです。お返事も、素晴らしいものをご用意したいものです。

「君は僕にとっての肝臓だ！」と言って、こちらを喜ばせてくれて、逆にこちらが元気をいただいているぐらいですよね？

今後は「きも！」と言われた場合、**「ありがとう！　きもに元気をくれる、そんな君はオルニチン!!」**と言い返しましょう！

※「オルニチン」→しじみなどに多く含まれるアミノ酸の一種。肝臓の働きを活性化させることで知られる。

10

「きらい」と言われたら

今回少々、複雑ですが、「きらい」を分解するところから始めましょう。

「きらい」を分解すると、「き」「らい」となります。さらに「き」は「KI」、「らい」は「LIE」と変換します。

まず、「KI」は「けーあい」と聞こえますね。つまり、「**敬愛**」となります。

「敬愛」は「他者を尊敬し、親しみの心を持つこと」とあります。なんとも素晴らしい言葉です！

つぎに、「LIE」は和訳すると、「**横たわる**」という意味があります。

そう、「KI LIE」は「敬愛 LIE」となる。つまり、「敬愛する気持ちが横たわる」、すなわち、「**あなたを敬愛する気持ちが横たわって、そうそう動かすことができない**」と解釈できるわけです。あなたのことを嫌いなどという気持ちはこれっぽっちもないのです。

「きらいきらいも好きのうち」という言葉がありますが、この言葉を最初に発した先人は、この「敬愛　LIE」を我々に伝えようとしていたのでしょう。そんな先人に敬愛LIE！

モーニング娘。の「サマーナイトタウン」という歌にも、「大きらい！　大きらい！　大きらい！　大好き！　Ah！♫」という一節があります。

これは、**「大敬愛が横たわっている！　大敬愛が横たわっている！　大敬愛が横たわっている！　もーほんと大好き！　Ah！♫」**という意味だったのではないでしょうか？　素晴らしい歌詞です。

さて、変換の仕方はわかりましたが、「敬愛」が「LIE」つまり、横たわっているだけではちょっと心もとないですよね。横たわっているだけでなく、相手の「敬愛」を寝かしつけてその場から動かない、より強固なものにしたい。

なので今後は、「きらい！」と言われた場合、「敬愛」の心が存在するであろう相手の胸元目掛けて、子守歌を歌いましょう。

11

「ブタ」と言われたら

ルッキズムが批判される昨今、他者に対してストレートに「ブタ！」などとなじる人は少ないですが、SNS上ではいまだに散見されます。

「ブタ！」という悪口は、もちろん、その言葉を浴びせられる相手に対しても失礼ですが、**豚さんたちにも失礼ですよね？** 豚さんたちは文句も悪口も言わずに一生懸命生きているだけなのに、他者を罵るときに勝手に名前を使われている。

「豚　世界　頭数」と調べると、「およそ10億頭」と出てきました。

つまり、**「ブタ！」と他者をなじる行為は、1人と10億頭を同時に罵るとんでもない悪事**なのです。


10億の豚さんたちを救うためにも、解釈を変えてしまいましょう。

豚さんの特徴といえば、その丸っこくてふくよかな可愛い体つきもありますが、それだけではありません。

実は豚さん、ああ見えて、**背中の筋肉がすごい**のです。

お鼻をつかって地面に穴を掘ったり天敵を攻撃したりするため、首の付け根から背中にかけての筋肉が非常に発達しているそうです。その分、実は上を見上げることができない構造になっています。

体つき以外にも、そんな特徴があるんですね。つまり、「ブタ！」と言われた場合、**「君は涙がこぼれないように上を向いて歩く必要がないぐらい強いんだね！」**と解釈することもできるわけです。

「♫上を向いて歩こう、涙がこぼれないように」と歌った坂本九さんも、養豚場の余興で歌うときには、この曲は歌わなかったという逸話があるとかないとか。(※)

こう解釈すれば、あなたも楽になれますし、同時に世界中の豚さんたちを救うことができるのです！

なので今後は、「ぶた！」と言われた場合、「ありがとう！　♫見上げてごらん目の前にこんなキラキラ輝く夜の星を～って言われても見上げられないけど、一緒に未来だけ見ていこう！　♫明日があるさ～明日がある～」と、坂本九さんを駆使して高め合いましょう。

※ない

12

「ブス、ブサイク」と言われたら

今回は、「ブス！」もしくは「ブサイク！」と言われたときの対処法です。

この2つの言葉、同じ意味ですが、実は全く異なる語源をもつようです。同じ文字から始まることから、同じ語源なのかな？　もっといえば、「ブス」は「ブサイク」の略なのかな？　とまで思っていました。

「ブス」は漢字で書くと、「附子《ぶす》」と書きます。これはトリカブトの塊根《かいこん》を指す言葉だそうです。トリカブトは毒性が強く、「附子」を口にしてしまうと、苦しさで顔が歪《ゆが》むことから、容姿が整っていないことを「附子」と言い出したそうです。

一方、「ブサイク」は漢字で書くと「不細工」となります。「細工」は工芸品を指します。容姿が整っていないことを、工芸品の出来が悪いことに例えて「不細工《ぶさいく》」と言い出したそうです。

全く異なる語源の言葉どうし、たまたま意味が同じで、響きも似ているとは！

まず、「ブス！」と言われた場合についてです。

「ブス」は「附子」とも書けますが、「舞寿」とも書けます。「舞寿」は、「舞い、寿《ことほ》ぐ」という意味と解釈できます。「寿ぐ」とは、「言祝ぐ」とも書ける言葉で、「お祝いを述べる、喜びの言葉を述べる」という意味があります。つまり、「ブス！」は、「踊りながら君をお祝いする！」という意味になりますね。

なので今後は、「ブス！」と言われた場合、「私も踊りたい！　体がうずうずする！　ことほぎたくて、ことほぎたくて震える！」と言い返しましょう。

続いて、「ブサイク！」と言われた場合について考えましょう。

前述の通り、「ブサイク」は「不細工」と書けるわけです。「細工」は「工芸品」という意味だと述べましたが、日常的には、「小細工する」、つまり、「手を加えて取り繕う」などの意味で使うことのほうが多いでしょう。

そう考えると、「不細工」は「細工をしない」、要するに「何も手を加えない」という意味になります。つまり、「ブサイク！」は**「君の顔は何も手を加えていないね！」**と解釈できます。

しかしどうでしょう？　生まれてこのかた、お顔に何も手を施したことのない人なんているでしょうか？　お化粧をしたり、お髭を剃ったり、何かしらの細工は必ずしているはずです。

なので今後は「ブサイク！」と言われた場合、**「いや、全然！　既《き》細《さい》工《く》だよ！」**と言い返しましょう。

13

「クズ」と言われたら

「クズ」について考えるにあたり、最初にその発音の仕方に注目してみましょう。「クズ！」と人を罵るとき、「クズッ！」と短く切るように、音楽記号でいえばスタッカートのように言うことは非常に難しいです。これは、ザ行の発音の方法に特徴があるためです。

「雑音（ザツオン）」のように、語頭にザ行の文字がくる場合には、舌を上の歯の後ろあたりにくっつけ、空気を溜め込んでから一気に放出する方法で発音します。一方、「気障（キザ）」のように、語頭以外にザ行の文字がくる場合には、舌と歯の後ろの部分はくっつけず、隙間を作る程度で、そこに空気を送り込むことで発音します。「クズ」は後者に該当します。

つまり、空気を送りながら発音する必要があるため、「クズ」を短く切って発音することは難しいわけです。2文字目の「ズ」もしっかりと聞かせようとすれば、必然的に、「クーズー」と表記するほうが相応《ふさわ》しいような音になります。

さて、クーズーという動物を知っていますか？

知らない方が多いのも無理はありません。日本の動物園では一頭も飼育されていないため、馴染みがないのは当然でしょう。クーズーは、主にアフリカに生息している、見た目は大きい鹿のような動物です。

クーズーの特筆すべき特徴は、**その革製品が重宝されていること**です。縄張り意識が強いクーズーの体には、争いによってついた無数のキズやシワがあり、個体によってその表情が全く異なるそうです。そんなクーズーの革製品は、それぞれにオリジナリティがあり人気が高いのだそうです。

なので「クズ」と言われたとき、「クーズー」と解釈してしまえば、**「君はオリジナリティがあって、みんなに求められることはもちろん、こと、この国においては稀有《けう》で貴重な存在だね」**と捉えることができます。

なので今後は、「クズ」と言われた場合、**「そんなことはない。みん**

なそれぞれに必ず、良さがあるから。みんな違って、みんないい」

と金子みすゞさんのように、すゞしげに言ってのけましょう。

14

「バカ」と言われたら

「バカ」の語源には、実に様々な説があるそうです。有力なものは、サンスクリット語の「moha」が語源であるとする説です。「moha」には、「無知」や「迷い」という意味があり、それが転じて「バカ」になったとのこと。

私は京都で生まれ育ち、ずっと関西に住んでいるのですが、「バカ」という言葉を日常でほとんど耳にしたことがありません。「バカやん」とか、「バカやなぁ」などは聞き馴染みがなく、関西弁とあまり相性がよくない印象を受けます。普段あまり聞かないからなのか、「バカ」と言われると、強めの悪口だと感じてしまうのです。だからこそ、私にとってもその対処法は必要不可欠です。

まずは「バカ」と何度も発音してみましょう。

「バカ、バカ、バカ、ヴァカ、ヴァクァ、ヴァックァウト、ヴァックアウト」

そう！「Back out」ですね！

強引だなと思った方、翻訳アプリに「BACK OUT」と入力して、音声読み上げ機能で読み上げさせてみてください。本当に、「バカ」に聞こえますから！

さて、「Back out」を和訳すると、「手を引く、後ずさる」となります。

こう考えれば、「バカ」は「BACK OUT！」つまり、**「君は偉大だ。僕はもう手を引くよ」という全面降伏**だと解釈することができるのです。

ちなみに、「大バカ」と言われた場合は、「Oh! Back out!」ですね。感嘆詞がつきましたから、「マジかよ！　お前すごすぎるよ！　完敗だよ！　僕はもう手を引くよ！」となるわけです。

また、「バーーーーカ」と言われた場合は、「Baaaack out!」です。「お前、すぅぅぅぅぅんごい！　完敗だよ！　僕はもう手を引くよ」みたいなニュアンスですね。

「バカもん！」の場合は、「Back out, mom!」となり、「お母さん！　もう無理だよ！　奴には敵《かな》わないよ、完敗だよ！　手を引いてよ！」となります。

なので今後は、「バカ！」と言われた場合、**「Tandem knight!(タンデムナイト！・)」**と言い返しましょう。

「tandem」は「連結した」という意味で、「knight」は「騎士」です。「Tandem knight」は「協力体制の騎士」のようなニュアンスで訳せますから、「私と一緒に闘いましょうよ！」という意味になるのです！

そして何よりすごいのは、この「Tandem knight!」を何度も早めに発音してみると、「タンデムナイト、タンデムナイト、トゥアンデムォナイト、トゥォンデモナイッ、トォンデモナイッ、トンデモナイ」……。

そう！**「とんでもない」**と聞こえるのです！

さぁ、口に出して練習しましょう。

15

「アホ」
と言われたら

関西で生まれ育った私にとって、「アホ」は「バカ」と違って、とても馴染み深い言葉です。

というのも、関西において「アホ」は、語義通り「愚かである」という意味で使われることもあれば、「あんたって人は、ほんま面白いなぁー」とか、「あんたって人は、ほんまどこまでもお人好しやなー」といった広い意味での褒め言葉としても多用されるのです。むしろ、そのように使われることのほうが多いように思います。なので、関西人が心底相手を罵倒する際には用いないイメージがあります。

関西以外の方にとってはどうなのでしょうか？　やはり、言われるとグサッとくるものがあるのでしょうか？　そんな人のためにも対処法を記しておきましょう。

そもそも「アホ」の語源はなんなのでしょう？　有力な説をご紹介しましょう。

その昔、秦《しん》の始皇帝がとてつもなく大きな宮殿を建てました。その宮殿はあまりにも大きいため、焼き討ちに遭っても、全焼するのに3ヶ月もかかるほどだったそうです。また、その莫大な建設費用と維持費から、国の財政が成り立たなくなったという話もあります。この宮殿は、「阿房宮《あぼうきゅう》」と呼ばれ、この「阿房」がなまって「アホ」となり、「思慮が浅い」という意味が当てられたのだそうです。

また、ポルトガル語で「間抜け」は「アファウ」と発音し、それがなまって「アホ」になったという説もあります。

さて、そんな「アホ」という言葉ですが、ある国に行けば全く違う意味で伝わります。それはずばり、情熱の国スペイン。実はスペインで、「アホ(ajo)」と発音すると、「にんにく」という意味になるのです。

つまり、「アホ！」と罵られても、それをスペイン語だと捉えれば、全く意味が変わってきます。

においで敬遠されがちなにんにくですが、実はとても身体に良い食材です。にんにくのにおいの元となるアリシンは、疲労回復に効くといわれる、ビタミンB1の吸収を助ける働きがあるそうです。また血行促進による動脈硬化の予防や、免疫力の向上など、実に様々な健康への効果が期待できるそう。

さらに、にんにくに含まれるリンには、健康な歯や骨を作る働きがあるそうですし、他にも身体に嬉しい要素がたくさん詰まっているのがにんにくなのです。サプリメントなどにも広く用いられていますよね。

つまり、「アホ！」をスペイン語だと考えると、「君は頼りがいがあって、僕に足りないところを補ってくれる貴重な存在だね！」というふうに解釈することができます。

なので今後は、「アホ！」と言われた場合、「俺（ole）！　に全てを委《ゆだ》ねて、大船に乗ったつもりで居れ（ole）！」と言い返しましょう。もちろん、「俺！」と「居れ！」の部分では、顔の横で手を叩くことも忘れずに！

ちなみに、にんにく料理を食べる前に牛乳や豆乳をコップ1杯飲むと、にんにくのにおいの予防になると聞いたことがあります。それでも「くさい！」と言われたときはいっそのこと開きなole！

16

「きえろ」と言われたら

今回は、「きえろ」と言われたときの対処法です。

仮に、目の前に体よりもひと回りほど大きな布と、マジックのノウハウの準備があれば、実際に消えてさしあげることができますが、多くの方にとっては難しいですよね。そこで、実際に消えなくて済むように対処法を心得ておきましょう。

「きえろ」の表記を変えると、**「既《き》エロ」**と書くことができます。**「既《すで》にエロい」**ということですね。

ここで、「エロ」について、改めて確認しておきましょう。

「エロ」は「エロティシズム」や「エロチック」の略語で、その語源はギリシャ神話にあるようです。ギリシャ神話に登場するエロスという神様がその語源で、エロスは恋心と性愛を操ることができるそう。エロスが射る矢がさされば恋が芽生える。このエロス、ローマ神話では「クピド」と呼ぶそうです。そう、こちらは「恋のキューピッド」の語源ですね。

そんなエロスから生まれたのが、我々が日常的に使っている「エロ」という言葉です。「エロ」は、「いやらしい！」とか、「変態！」のように、マイナスなイメージを抱かれがちですが、「エロティシズム」を辞書で引くと、「性愛、情欲を呼び起こす性質」とあります。いわゆる性的魅力や色気のようなものでしょう。人類の繁栄において、「エロ」はなくてはならないものではないでしょうか？

そうなると、前述の「既にエロい」も、「いやらしい人」ではなく、「既に色気がある人、エロティシズムを完成させている人」と捉えることができますね。

こう考えれば、「きえろ」は、「あなたはエロティシズムの権化です！」と解釈することができます。**「とても魅力的で、愛や性に関して全てを悟っている人だ！」**という褒め言葉になるわけです。

思い返せば、思春期には、性に関する情報が男子の間で飛び交ったものです。

様々な憶測や妄想を語り合うのです。そして家に帰って夜遅くにテレビをつけ、綺麗で妖艶なお姉様が大人の話を繰り広げる番組に釘付けになったものでした。あのお姉様こそが、私たちにとっての「既エロ」に他ならなかったのです！

今後は、「きえろ」と言われた場合、とろんとした表情を見せ、**「君、未エロ《み》？　おいで、私が手取り足取り教えてあげるから」**と手招きしてさしあげましょう。

17

「生理的に無理」
と言われたら

「生理的に無理」はかなりの難敵です。

「生理的」を辞書で引くと、「理屈ではなく、本能的であるさま」という、なんとも無情な言葉が立ちはだかります。

「本能があなたを受け付けません」と宣告されるわけですから、これを言われてしまうと、なす術《すべ》無しと言ったところでしょう。

しかし、向こうはいったい、自分をどれだけ高く見積もっているのでしょう？

相手を勝手に「生理的に」判断し、その結果を突きつけてくるということは、いくぶんか自分のほうが人間としての価値が上であるという思いがあるわけです。

私は、そういう考え方が生理的に無理です。ですから対処法も必須です。

今回は、中高の国語の授業で学んだ「漢文」が役に立ちますよ！

「生理的に無理」の漢字だけを取り出し、分解できる漢字は分解してみましょう。

すると、**「生王里白勺無王里」**となります。

ほとんど見慣れた漢字ですが、「勺」は見慣れませんね。これは、「しゃく」と読みます。様々な意味があるのですが、その1つに、登山で聞く「1合、2合」の、「合」の10分の1という意味があります。1合の10分の1なので、全行程の100分の1という意味ですね。

さて、「生王里白勺無王里」に漢文で習った「レ点」を打ってみましょう。「生レ王里白勺無レ王里」とします。これを日本語にすると、「王が生きる里でも、真っ白で100分の1程度しか進んでいないのなら、王の無い里だ」となります。

つまり、「生理的に無理」は**「たとえあなたの地位が高くても、そこにあぐらをかいていればすぐに信頼を失う。いつまでも、不断の努力をしていくべきだ」**という激励のメッセージだと解釈できるわけです。

なので今後は、「生理的に無理」と言われた場合、相手は漢文が得意だと考えられるので、「**春眠不覚暁　否　我暁覚　我歌猶暁娘歌　我未来王王王王**」と言い返しましょう。

これは、「春の眠りは心地よくて、暁（夜明け）に気付かないほどだ。でも、私なら気付く。私は暁娘（モーニング娘。）のように歌う。♫私の未来は王！　王！　王！　王！」という意味です。

18

「お前、いらない」
と言われたら

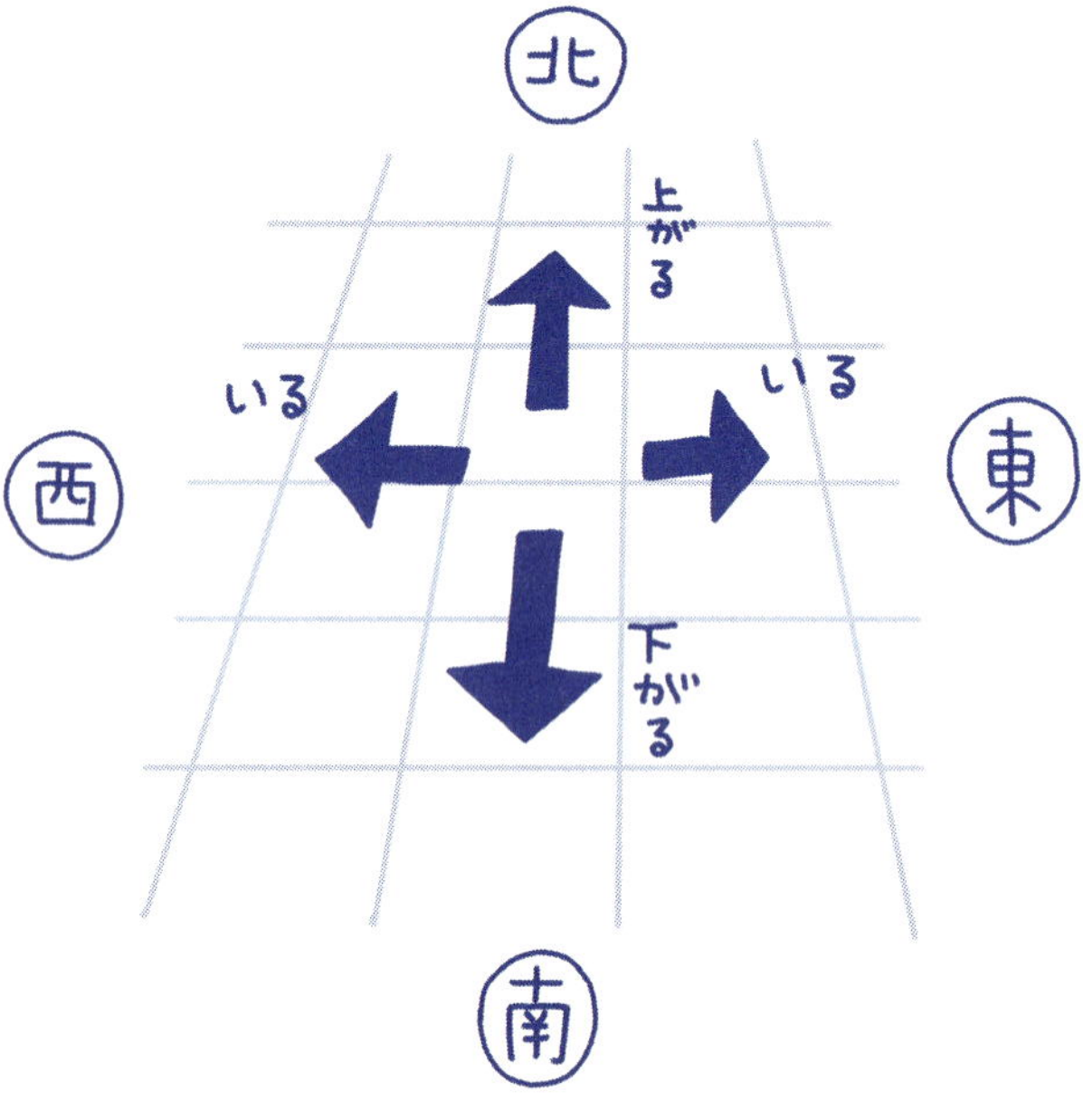

「お前、何ができんねん」については先に触れました。そこでも書きましたが、この世に必要のない人なんて1人もいません。

なぜなら、人は生きているだけで必ず呼吸をし、二酸化炭素濃度の高い空気を吐き出すことで、植物たちの光合成を助けているからです。植物たちは光合成によって、成長に必要なエネルギーを生み出しているのです。

「風が吹けば、桶屋が儲かる」ように、「あなたが生きれば、美しい花が咲き乱れる」のであります。

今回は、「お前、何ができんねん」の亜種の「お前は、いらない」について別のアプローチで考えましょう。

私の故郷は京都です。金閣寺や清水寺に代表される神社仏閣はもちろん、長い歴史の中で培われた独特の文化が今も多数存在し、京都の魅力を支えていることは言うまでもありません。

その1つに、「住所の示し方」があります。京都市の中心部では、道が東西南北に規則正しく並び、いわゆる「碁盤の目」のようになっています。

この構造から、京都市民は、「北へ向かう」ことを「上《あが》る」と言い、「南へ向かう」ことを「下《さが》る」と言います。そして、「東もしくは西へ向かう」ことは、「入《い》る」と言います。このため、京都市内の住所は非常に長くなります。私の実家の住所にも、「東入上《ひがしいるあが》る」という文言が入っています。おいでやす。


この法則を適用すれば、「お前、いらない」も「お前、入らない」と変換でき、「あなたは真っ直ぐ進んで、決して横道へそれない人ですね」と解釈できます。よろしおすなぁ。

なので今後は、「お前、いらない」と言われた場合、「滅相もない！ 堪忍しておくれやす！ でもおかげで気分は、北上北上（あげあげ）どす！」と言い返しましょう。はんなり。

おっと、これで終わりとちごた。大切なこと伝えやなあきまへん。

途中、「金閣寺」と書きましたが、実はこの名前、正式名称ではありません。

「金閣」とは、皆さんがよく知るあの金ピカの建物の名前であり、「金閣寺」は本来、「金閣という建物があるお寺」という意味の通称なのです。

お寺には、「鹿苑寺《ろくおんじ》」という正式名称があります。同じように、「銀閣寺」は、正式には「慈照寺《じしょうじ》」です。

ちなみに銀閣寺（慈照寺）は、京都市の左京区にあります。左京区は、地図で見ると、右側、つまり京都市の東側に位置し、右京区は左側、つまり西側に位置しています。

右が左京で左が右京。これは昔、御所で天皇が南を向いて座っていらっしゃったことから、天皇目線の方向で名前をつけたことに由来するそうです。

あれ？　話長いどすか？　そうどすか。ぶぶ漬けどうどす？

19

「お前、頭悪いな」と言われたら

ありきたりな言葉だと感じますが、いざ言われると、グサッときますよね。「勉強ができない」という意味で言われるよりも、日常生活や仕事上で、「要領が悪い」などの意味で浴びせられるほうが、ダメージが大きい言葉ですね。

まず、**「頭」の解釈を変えてしまいましょう。**

「頭」は、もちろん身体の部位を表す言葉ですが、「曲の頭のほうで」などと、「〇〇のはじめ」という意味でも使いますよね。そう、「冒頭」の「頭」です。

こちらの意味で解釈すれば、「お前、頭悪いな」は、**「君、スロースターだね」**とすることができます。

なので今後は、「お前、頭悪いな」と言われた場合、**「お待たせしました！　ブーンブンブンブンブンッ！！！」**とエンジンをふかす素振りを見せてさしあげましょう。

そもそも、「頭が悪い」と言ってくる相手に、センスが全

くない可能性もあります。たいてい人は、自分の理解が及ぶ範疇《はんちゅう》の外にあるものは批判する生き物です。相手のキャパシティに収まりきらないほど、あなたが優れていると考えることだってできるわけです。

歴史を紐解いても、そんな例はたくさんあります。

誰もが知る発明王トーマス・エジソンは、幼い頃から好奇心旺盛で、学校の授業で教わることに対しても常に疑問を持ち、先生が対応しきれないようなことばかり質問していたそうです。

そこで彼につけられたあだ名は「腐った脳みそ」だったそう。なんてひどいネーミングでしょうか！

自分たちの理解が及ばないことを棚に上げて、ひどい言葉を投げて、済ませていたのでしょう。ちなみにエジソンはその後小学校を中退し、型にはまらないその発想で、歴史に名を残す人になるのです。

「天文学の父」と呼ばれるガリレオ・ガリレイ。「天文学の父」と呼ばれるようになるはるか前についたあだ名は「**喧嘩屋**」だったそう。

自分が正しいと思うことに対してはとことん主張を貫き通すその姿勢は、周囲の人からはただの頑固者に映ったのでしょう。しかし、当時の常識をひっくり返すような偉業を成し遂げることができたのは、そんな気質があったからでしょう。

歴史が証明するように、世界を変えるような能力や才能は、到底、理解しがたいものなのでしょう。それでも自分を貫いた人だけが偉業を成し遂げる。

あなたも「お前、頭悪いな」と言われたら、「**わかってねぇなぁ**」ぐらいの感覚でいれば良いのではないでしょうか？

逆に考えれば、「お前、頭悪いな」は、**あなたが偉業を成し遂げるまでのストーリーの開会宣言**なのかもしれません！

誹謗中傷と戦うコラム①

「最初の中傷」

私の人生において、最初に匿名で悪口をぶつけられた日のことは、今でも鮮明に覚えています。

私が中学3年生だった頃。受験を控えた私は当時、学習塾に通わせてもらっていました。クラスがいくつかある塾で、教室の数も多く、頻繁に使う教室とそうでない教室がありました。

その日、私は普段あまり使わない教室で授業を受けることになり、着席。ふと横の壁を見ると、**「皆川〇ね」**の文字が。

「え？　とてもはっきりと、ストレートに書かれてるやん。え？　なんで？」

私が入塾したのは3年生の夏。受験生である同級生の中では、他の中学校に通う生徒たちの中で最後に入ってきたこともあり、なかなか馴染めずにいました。

そんな中で先生に認められ、いきなり一番上のクラスに入れてもらったのでした。いけすかないヤツだという印象も強かったのでしょう。

すぐに先生に相談しました。またこの先生がとても優しい人でした。

「きっとこれは君のことじゃないはずや！　過去にこの塾に皆川という生徒がいたんやと思う。先生が名簿調べてきてあげるから！」

なんて優しい先生なんだと思いました。そして翌日。先生は私に、

「ごめん、いいひんかったわ！」と、一言。

「え!?　いいひんかったんや!?　いいひんかったのは仕方ないけど、そんなにハキハキと伝えるんや!?」

先生は優しすぎたのです。優しすぎて、嘘などつけない人だった。そしてあの落書きはまごうことなく私に宛てられたものだったのです。

当時15歳の私は、とても怖かったことを覚えています。書いた人間の名前も、そして顔すらわからない。

こうなると、最悪の流れが発生します。周りの人全員が犯人なのではないかと思えてくるのです。塾生全員に書けるタイミングがあるのだから、全員が「〇ね」と思っているのではないか？　と。これが匿名の最も恐ろしいところだと思います。

ましてや、現代ではこの落書きがインターネット上で容易にできてしまう。塾の落書きと違って、書かれているところを誰かに見られるリスクすらない。また、塾の落書きと違って、容疑者の数は膨大な数になる。

これすなわち、書かれた当事者からすれば、全世界の人が言っているように見えてくるわけです。街中ですれ違う人、テレビに映っている人、目に映る人全員に書けるタイミングがあるわけですから。

こう考えれば、誹謗中傷を受けている芸能人の方が抱える心的ストレスは計り知れないものだと推測することは難しくありませんよね。

第2章

○○と言われたら　応用編

20

「クリぼっち」と言われたら

「やーい！　クリぼっち！」と煽《あお》られたらどうすればいいでしょう。

「クリぼっち」とは、「クリスマスにひとりぼっち」の略です。要するに、クリスマスなのに恋人がいない人を揶揄《やゆ》して使う言葉ですね。

そもそも、クリスマスにひとりぼっちであることはそんなに嘆《なげ》かわしいことでしょうか？

クリスマスにまつわる名曲はたくさんありますが、何もクリスマスを恋人と過ごすハッピーな歌ばかりではありません。

言わずとしれた名曲、山下達郎さんの「クリスマス・イブ」でも、「きっと君は来ない～♫」と歌っています。さらに「1人きりのクリスマス・イブ～♫」と続きます。実は、**名曲「クリスマス・イブ」は、他ならぬ「クリぼっち」を描いた歌**なのです。

余談ですが、山下達郎さんはこの曲の発表の前年に竹内まりやさんと結婚されているため、山下達郎さん自身はクリぼっちではありません。もしかすると、新婚ほやほやの達郎さんが高みの見物で歌っているのでしょうか？　そんな思考回路になるような私は、きっと今年もクリぼっち。

他にも稲垣潤一さんの「クリスマスキャロルの頃には」や、B'zの「いつかのメリークリスマス」、Wham!の「ラスト・クリスマス」など、**クリスマスを彩る大ヒット曲の多くは失恋ソング、つまり、クリぼっちを歌っている歌**なのです。

それらの曲が売れるということは、多くの人の共感を呼んでいるということです。

つまり、**「クリスマスにひとりぼっち」である人のほうが断然多い**のではないでしょうか？　だからそもそも、「クリぼっち」を悲観することはない。

そんなこと言われても、傷つくことは傷つくんだよ！　という人のために、対処法をお教えしましょう。

「ぼっち」は「法師」が転じて出来た言葉です。つまり、「やーい！　クリぼっち！」は「おーい！　クリスマス僧侶！」と解釈できます。

なので今後は、「クリぼっち」と言われたら、「silent night～♫ holy night～♫」のリズムで、「か～いげん（開眼）ナイト～♫　しょ～じん（精進）ナイト～♫」と、僧侶らしく歌ってさしあげましょう。

21

「田舎もの！」と言われたら

人を「田舎もの！」と罵倒する風潮に対して、ずっと違和感がありました。都会に住む人は「田舎もの！」と罵るわりに、テレビに映る田園風景にうっとりするのです。

人ごみをかき分けて生きていく日常にうんざりし、不機嫌そうに街を歩き、休みができれば積極的に都会を離れ、罵っていたはずの田舎へ行きたがるのです。なぜでしょう？

田舎のことは好きなはずなのに、人の出自の話になると揶揄する。矛盾を感じざるを得ません。

かくいう私は京都市内で生まれ育ちましたので、「田舎もの！」と言われた経験はありません。なので、言われる人の気持ちはわかりませんが、先述のような矛盾を感じているため、この対処法も示しておきたいのです。

さて、「田舎もの」の表記を少し変えてみましょう。ずばり、「田舎

mono」です。

「mono」という言葉、高校で化学の勉強をしておられた方には聞き馴染みがあるかもしれません。「モノ・ジ・トリ・テトラ…」と続いていくのですが、ずばりこれはギリシャ語由来の言葉で「1・2・3・4…」を表しています。テトラポッドは4つの足がありますが、これもこの「テトラ」がついているわけですね。「モノ」も身の回りにたくさんあります。「モノレール」は線路が1本だから「〝モノ〟レール」ですし、「モノクロ」は単色（1色）だから「〝モノ〟クローム」です。消しゴムの「mono」も、「唯一」という意味が込められているそうです。

こう考えれば、「mono」は「1」となりますので、「田舎mono」は、「田舎レベル1」とも解釈できますね。「田舎レベル1」とはつまり、「田舎っぽさはほとんどない」、むしろ「シティボーイ（ガール）だね！」という意味です。

なので今後は、「この田舎もの！」と言われた場合、「にんげんだもの！」と言い返しましょう。実はこれ、相手に対して、「人間だ！mono！」と言っている。つまり、「あなたはレベル1の人間だ！」という、ステルス仕返しになっているのです！

ここまでの内容で、ピンときた方もいらっしゃるのではないでしょうか？「シティボーイ（ガール）だね！」は、基本編でご紹介した「おもんない」と言われた場合の解釈と同じなのです！

「おもんない」は「eau mont ない」と変換するんでしたね。フランス語で「eau」は「水」、「mont」は「山」を意味するため、「オーモンない」となり、「海や山が見当たらない」というところから、「君はシティボーイ（ガール）だね！」と解釈するのです。

つまり、「おもんない」と「田舎もの」は同義語だったのです！

これは大きな発見ではありませんか！

そうなると、「おもんない田舎もの！」は「君は超絶シティボーイ（ガール）だね！」となるのです。人生って楽しい！！

22

「こっち見るな！」
と言われたら

皆さん、「水松菜」という漢字は読めますか？　これは「陸鹿尾菜《おかひじき》」と呼ばれる野菜の別名です。

陸鹿尾菜は、「鹿尾菜《ひじき》」という字が入っていますが、海藻ではなく野菜です。葉の質がひじきに似ていることからこの名がついているそうで、「陸の海藻」とも言われているそうです。カロテンやカルシウムなどが豊富に含まれる、身体に優しい植物です。

この陸鹿尾菜の別名、「水松菜」の読み方は、なんと「ミルナ」なのです！　つまり、「こっちみるな！」は、「こっちミルナ！」となり、「**俺、おかひじき！**」と解釈できるわけです。

さらに調べてみると、天然の陸鹿尾菜は絶滅が危惧されているのだそう。この事実も加味すると、「俺、おかひじき！」は、「**俺、消えてしまいそうだよ**」とも取れるわけです。

そう、「こっちみるな！」は、「消えてしまいそうだ」という、相手からあなたへの悲痛なメッセージだったのです！

相手の気持ちに寄り添って、優しく返事をしてあげる必要がありますね。

今後、「こっちみるな！」と言われた場合は、**「大丈夫！　必要とされていないないない人間なんていないんだ！　いつだって誰かが君を見ている。現に今、この僕が！　ずっと君をこうして、見ててあげるよ」**と言い返してあげましょう。

ついでに雑学をご紹介します

「陸鹿尾菜《おかひじき》」とありましたが、似たような構造の漢字を当てる野菜があります。その名も、「陸蓮根《おかれんこん》」です。ピンと来ない方がほとんどかと思いますが、実はこれ、とても身近な野菜。ずばり、「陸蓮根《おかれんこん》」＝「オクラ」なのです！　なぜこの字を当てるのかというと、オクラが蓮根に形が似ているからだそうです。

ちなんだものにちなんで恐縮ですが、「オクラ」って、英語でなんと言うかご存知ですか？

なんと、「okra」です。そう！ 実は「**オクラ**」って**外来語**なのです！

だから私はいつも、「オクラ」とカタカナで書くようにしています。「おくら」と書いても違和感はないように見えますが、外来語だと知ったあの日から、「さんふらんしすこ」とか、「たーとるねっく」みたいに、力の抜けるような表記に見えて仕方がないのです。これって私だけでしょうか？

23

「不快だね」と言われたら

「不快だね」

なかなかグサっときますね。においであるとか、室温であるとか、そういったものに対して使う印象が強いため、人に向けられると、比較的パンチの効いた悪口であると感じてしまいます。これは対処法を知っておくほうがよさそうですね。

「不」という字に着目しましょう。「不可能」や「不利」や「不在」など、後ろにくる字を打ち消す意味がある漢字ですね。

ちなみに、「藤子不二雄」という名前があります。ドラえもんなどの作者である藤本弘さんと、笑ゥせぇるすまんなどの作者である安孫子《あびこ》素雄《もとお》さんの共同ペンネームです。ここにも、「二人だけど、二人でない」という意味を込めて「不二雄」という字が当てられているそうですよ！

「不快」の「不」にも、「快《こころよ》い」を打ち消す意味があるので、ここの解釈を変えてしまいましょう。

その前に皆さん、アメリカを漢字で書けますか？　答えは「亜米利加」です。ドイツは「独逸」、イギリスは「英吉利」です。アメリカを「米」、ドイツを「独」、イギリスを「英」と書くのはここからなんですね。

「独逸」をドイツと読むのはまだわかるが、「英吉利」はイギリスとは読めない！　どう見たって「えいきちり」じゃないか！　という声が聞こえてきそうです。

実は「イギリス」という呼び名は日本特有のもので、江戸時代の「エゲレス」という呼び方が訛《なま》ったものだそうです。この「エゲレス」に当てた字が「英吉利」なのですね。しかし、「英」を「エ」と読むのはわかるが、「吉利」を「ゲレス」と読むのは無理があるじゃないか！　という声が聞こえてきそうなので、耳を塞ぎます。

さて、何が言いたいかといいますと、「不」も、実はある国を表しているのです。略さずに書けば、「不丹」です。

お気付きの通り、「ブータン」ですね！　「不」はブータンを表しているのです！

つまり、「不快だね」は、「ブータンは快いですね！」というふうに解釈することができるわけです！

ブータンは、「しあわせな国」と言われている国です。「ブータンは快いですね！」は、ブータンがしあわせな国であることを確認しているという意味で捉えることができます。

なので今後は、「不快だね」と言われたら、

「སྐུ་གཟུགས་བཟང་པོས་ལགས། འཁྱུག་ཡ བཀྲ་ཤིས་བདེ་ལེགས」

と言い返しましょう。ブータン語らしきものをウェブから引っ張ってきて載せました。なんと読むのか、なんという意味なのか知りませんので、ご了承ください。

24

「サゲー」と言われたら

今回は少し特殊なパターンです。皆さんが生活を送る上で、様々な方々と接することがあるかと思います。もちろん、いわゆる「ギャル」と呼ばれる方々とも。

ギャルについて改めて説明するまでもないかと思いましたが、念のため再確認をと思い、「ギャルとは」と検索をかけてみました。すると、とあるサイトでギャルについて、**「若く、軽薄だが健康的で元気のいい女性」**という記述がありました。

日常で多用するフランクな言葉を堅苦しく定義することは、やはり難しいものですね。言いたいことはわかるのですが、「軽薄だが」って！

そんなギャルの皆さんの間には、ギャルの方同士でだけ使われている特殊な言葉がたくさんあるようですね。

もうすでに懐かしいという部類かもしれませんが、「ぴえん」などは、SNSでよく目にしました。「ぴえん」を、あえて堅苦しく定義すれば、「眼前で繰り広げられる事象について、悲しく、いたたまれない心情である」という意味ですね。

他にも、「リアコ」という言葉。これもあえて堅苦しく定義するならば、「著名人の応援活動に私財を投じるうちに、『支援者と被支援者』という立場を超越し、恋仲に発展し親密な関係を築きたいという願望を持つようになってしまった者」ですね。

日々新たに生まれくるギャル語の数々。「サゲー」もその1つなのです。

今回はそんな、「サゲー」を言われてしまったときの対処法です。

「サゲー」はいわば、「下がる」という言葉をギャルの皆さんが崩したものです。

こちらもあえて堅苦しく定義すれば、「貴殿と接することで、己の快感情が消失し、嫌悪感にさいなまれている真っ最中である」という意味です。自分でも面倒くさくなってきたので、まあ、要するに、「気分が悪い」という意味ですね。対処法を覚えておきましょう。

まず「サゲ」をローマ字表記に変換しましょう。すると、「sage」となる。あっというまに英単語になりました！「sage」は「セージ」と発音すれば、「賢者」という意味になります。

つまり、「サゲー」は「おーい！　賢者ー！」という呼び掛けであると解釈することができるわけですね。

ですから今後は、ギャルの皆さんに「サゲー！」と言われた場合、「そんなそんな！　嬉しみが深くてありえんてぃー！　滅相もなしよりのなし！」と謙遜しながら言い返しましょう。

25

「デリカシーないよね」と言われたら

コンプライアンス遵守、ダイバーシティが求められる昨今、他者に対しての発言に過剰に気を遣ってしまう場面はありませんか？

「この人、ここを直すべきなのに！」とか、「この人、周りからこう思われているのに気付いていない！」とか。そんな思いを抑圧されて、言いたいことも言えないこんな世の中が、ＳＮＳにおける匿名での誹謗中傷などといったポイズンを生み出しているのではないでしょうか。

相手のことを思っての発言が相手の気を悪くさせ、その結果「デリカシーがないよね」などと反撃をくらってしまう。そのような場合に今回の対処法を使っていただければと思います。


「デリカシー」はもちろん外来語。英語では「delicacy」と書きます。様々な訳ができるのですが、「珍味」とも訳せます。つまり、「デリカシーがないよね」は、「**珍味がないよね**」と捉えることができるわけです。

「珍味」とは何か？　全国珍味商工業協同組合連合会、通称「ゼンチンレン」のホームページによりますと、「珍味」は「主として水産物を原料とし、特殊加工により独特の風味を生かし、貯蔵性を与え、再加工を要することなく食用に供せられる食品」とあります。

このゼンチンレンの定義のなかの「貯蔵性を与え」に着目すれば、「珍味がないよね」は、「君を貯蔵しておくのはもったいない」つまり、「君は即戦力だ！」と解釈することができます。

ありがとう！　ゼンチンレン！

ゼンチンレンに最大限の敬意を払いつつまとめると、「デリカシーないよね」＝「君は即戦力だ！」となるわけです。

相手のことを思いやって忠告した後に、「デリカシーないよね」と言われる。これはつまり、「君は僕の未来を見据えて僕に忠告をしてくれる。僕が自分を高めていく上で必要な人材であり、即戦力だ。僕のもとで働かないか？」と解釈できます。

なので今後は、「デリカシーないよね」と言われた場合、**「僕でよろしいんですか？」**と再確認しましょう。

繰り返しになりますが、今回はあくまで相手のことを思いやった末に「デリカシーないよね」と言われた場合に限っての対処法です。ただただ、なんの気遣いもなく人のプライベートにずかずか踏み込んでいく人や、平気でデリケートな部分をいじってくる人が対処法を覚えてしまって、無敵になってしまわないように願うばかりです。

そして繰り返しになりますが、ありがとう！　ゼンチンレン！

26

「君には不満しかないよ」と言われたら

今回は、「君には不満しかないよ」と言われたときの対処法です。

そのためにはまず、次の言葉について考えてみましょう。

「足るを知る者は富む」

古代中国の思想家、老子が残した言葉です。「人間の欲望にはキリがない。だから、何事に対しても満足することを知っている人は、精神的に豊かで、幸福である」という意味ですね。

言い得て妙。世の中には完璧なものなどないのだから、この老子の教えは必須なのです。

何かを評価するとき、粗探《あら》しなんて誰にだってできる。完璧なものがないのだから、森羅万象《しんらばんしょう》、全てのものに短所がある。そこに長所を見出せる人こそ、精神的に豊かで、幸福になれる。それができない人は心が貧しくなる一方でしょう。

そう。「不満しかない」と言ってしまう人は、心が貧しくて貧しくてどうしようもないのです。あなたの粗探しばかりして、長所を見つけようとしないのです。怠慢です。

そんな人と関わっていたら、あなたの心まで貧しくなってしまうので、今回の対処法を実践して、さっさと離れましょう。


「不満」をローマ字表記したら、「human」になります。「human」は「ヒューマン」という英単語ですね。意味は、ずばり「人間」です！　形容詞では、「人間らしい、人間くさい」という意味もあります。

ちなみに「ふ」はhuじゃなくてfuだろ、と思ったあなた。たしかにヘボン式ではfuですが、訓令式という方式ではhuであり、どちらでもいいのです。まだ疑うなら、お手元のパソコンやスマホでhuと打ってごらんなさい。

つまり、「君には不満しかないよ」は、「君にはhumanしかないよ」となり、「君からは人間味しか感じないよ！」と解釈できるわけです。

「人間味を感じる」ってすごく大切なんです。

心理学で、**「アンダードッグ効果」**というものがあります。「人間は、不利な状況にあるもの、劣勢にあるものほど応援したくなる」という効果です。漫画やアニメの主人公は、どこか抜けていたり、弱点があるキャラクターばかり。そして戦えば、必ず一度は劣勢に立たされる。そこで読者は人間味を感じる。そして共感する。だから応援したくなる。まさにアンダードッグ効果！

人間味を感じるものを応援したくなるのは、いわば人間の本能なのでしょう。応援したくなるということは、親しみやすいということ。だから、「人間味を感じる」ってすごく大切なんです！

今後は、「君には不満しかないよ」と言われた場合、「はい、完全に人間です」という意味を込めて、**「I'm a human perfectly」**と言い返しましょう。

少し首を横にかしげながら言ってもいいかもしれません！

ちなみに、「足るを知る者は富む」という言葉を口頭で伝えられたとき、「足るを知る者はトム」だと思った小学生のときの私には、ふまんしかありません。

27

「君、むいてないよ」と言われたら

「君、むいてないよ」は、職場や学校、部活など、様々な場面で言われてしまう可能性がある言葉ですよね。

私自身、お笑いの世界に入ってからはもちろん、それ以前も何度も言われたものです。

中学1年生から、サッカー部でゴールキーパーをつとめた私。元々、運動神経が良いほうではなく、なかなか上達しなかった私は、試合ではミスばかり。中高通算１８０失点を叩き出し、「守護神」とは程遠い存在でした。

普通、そんな戦績ならレギュラーから外されるのが定説です。いや、ミスをするたびに後輩からも罵られる毎日でとても辛く、「外してくれ」と思っていました。

しかし、高校が進学校であったせいか、部員数もそう多くなく、ましてやキーパーの希望者もおらず、ミスを連発してもずっとレギュラーの座に座らされ続けました。

日々、「むいてない！」と罵声を浴びせられ、自己肯定感

がうなぎくだりでした。

あのときの私へ、そして今、日々悩む読者の皆さんへ、対処法をお届けしたいと思います。

「むいてない」は「向いてない」とも書けますが、「剥いてない」とも書けますね。さらに「きみ」は「黄身」とも書けますね。

つまり、「**黄身、剥いてないよ**」となるわけです。「黄身の部分をまだ剥いてないよ」という意味ですね。

一見、とても矛盾した文章に思えます。

たとえば目の前にゆでたまごがあるとき、剥くべきなのは「殻」の部分だけです。強いて次に剥くとすれば、黄身の周りを覆う「白身」の部分になります。殻も剥いて、白身も剥いてしまえば、残るのは黄身だけ。もう剥くものなんてない、と普通は思うはず。

満足してはいけません！　その黄身を剥こうとすることで、新しい境地が開けるのです。

つまり「黄身、剥いてないよ」とは、「一皮剥け、二皮剥け、自分はこれ以上磨くところなどないと思っているかもしれないけれども、君はまだまだ素晴らしい人間になれる、伸びしろだらけの人なんだよ」というメッセージなのです。そう、婉曲的表現を用いた、エールに他ならないのです。

なので今後は、「君、むいてないよ」と言われた場合、「え⁉　俺まだ伸びしろあるんですか⁉　俺エッグ！」とダブルミーニングで自画自賛しましょう。

28

「お前と同じ空気吸いたくない」と言われたら

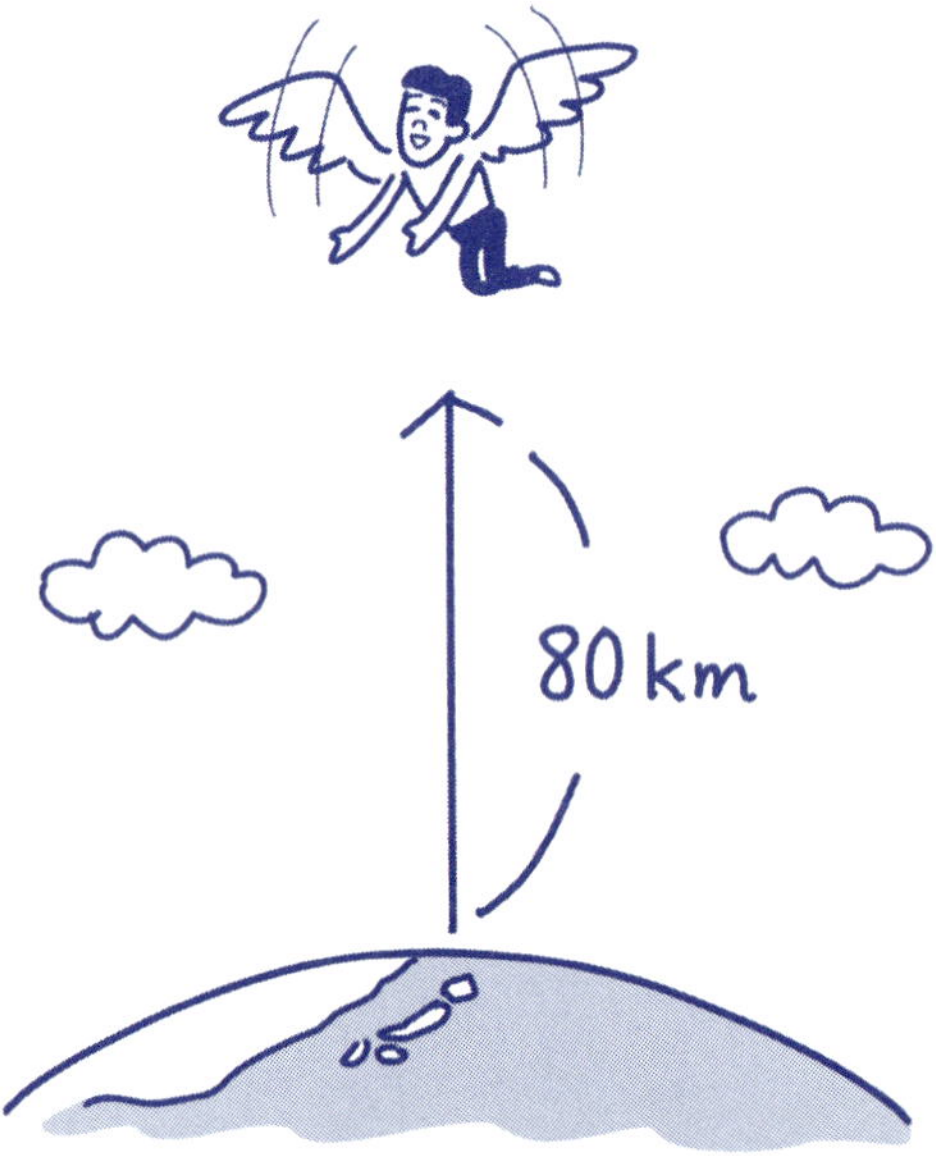

今回は、**科学的アプローチ**で対応を考えていきます。

「お前と同じ空気吸いたくない」と言われたら、どうしたらいいでしょう？　日々、当たり前に美味しくいただいている空気ですが、何からできているのか知っていますか？　**空気のほとんどは窒素**です。全体の8割弱を占めています。次に多いのは酸素で2割、そして残りはアルゴン、二酸化炭素、ネオン…と続きます。そしてなんと、この空気の組成は、上空80㎞まで変わりません。

つまり、同じ空気を吸いたくないということは、上空80㎞より上へ行きたいということ。

こう考えれば、**「お前と同じ空気吸いたくない」＝「翼をください」**と解釈することができます。

ただ、課題は山積みです。上空80㎞付近では、気温がマイナス70度からマイナス80度に達し、地球環境の中で最も寒い場所になっているのです。**想像を絶**

するほどの防寒が必要です。

そして防寒も、地上と同じように考えてはいけません。ダウンジャケットは着られない、コートも着られない。**なぜなら、翼があるから。**地上で売られている防寒着は、全て翼のない人のために作られているのです。

さらに残酷なことに、より高度を上げると、今度は高温と闘うことになります。高度２００㎞を超えれば、数千度になります。高度は、空を飛びたいと願う人の行く手を、ことごとく阻むのです。

なので今後は、「お前と同じ空気吸いたくない」と言われた場合、「どうか無事に帰ってこいよ。上着の背中のところに、穴はあけたのかい？　そしてそれは着脱しやすいのかい？　羽ばたかせている状態で、背中の穴の部分から翼をスルッと抜くことはできるのかい？」と激励したのち、「**君と出会った奇跡が～♫**」と歌い、無謀な挑戦を控える相手を鼓舞してあげましょう。

29

「ろくでなし」と言われたら

「ろくでなし」の「ろく」っていったい何なのでしょうか？　まずはその説明から。

「ろくでなし」を漢字に直すと、「陸でなし」となります。

うそだ！　と思う方、スマホで入力してみてください。ちゃんと変換候補に「陸でなし」が出てきますよ。では、この「陸《ろく》」は一体何なのか？

「陸屋根《ろくやね》」という言葉を聞いたことがありませんか？　陸屋根とは、街中でもよく見かける、水平になっている屋根のことです。

そう、つまり、「陸《ろく》」には、「平らな、水平な」という意味があるのです。つまり、「平らじゃない」が転じて、「普通じゃない」という意味で「ろくでなし」という言葉になったのです。


今回の対処法では、「ろく」の解釈をさまざまなものに変えてみましょう。

たとえば、「鹿」と書いて「鹿《ろく》でなし」と考えます。シカはとても臆病な動物ですので、「鹿《ろく》でなし！」は、「君って物怖《ものお》じしない強い人だね！」と解釈することができます。

ほかにも、「麓」と書いて「麓《ろく》でなし」にもできますよ！「麓」は「ふもと」とも読める字です。読んで字の如く「山のふもと」を表す言葉ですので、「麓《ろく》でなし」は、「あなたは山のふもとにいない」ということになります。つまり、「あなたは頂《いただき》に近い人だ！」と解釈できますね！

さらに、「六」にしてしまえば、「六でなし」→「六出無し」となり、「サイコロで6が出ない」ことを意味するため、「君はゆっくり着実に進む人だね！」と解釈できます！

原点回帰して、「陸でなし」の読み方を、「〝りく〟でなし」と変えてしまうのもありですよ！「陸ではない」というのはどういうことか？地球上の海と陸の比率は、7：3で、海のほうが広くなっています。つまり、「あなたは大海原のように心が広い人だ！」と解釈できるのです。

なので今後は、「ろくでなし！」と言われた場合、全てひっくるめて、「ありがとう！　滅相もない！　〝じか〟しそんな言葉をくれるあなたが、〝頂頂頂頂(ちょうちょうちょうちょう)〟、〝ダイス〟キです！　めっちゃうれ〝すぃー〟(SEA)！」と言い返しましょう。

もちろん、お好みの解釈も、陸（ろく）でもない解釈も、皆さんそれぞれ感じ方があるかと思いますので、どうぞ、お好きな部分を切り取ってご査収くださいませ！

30

「このタコ！」
と言われたら

悪口を言われていることはわかるのですが、具体的にどういう意味で罵倒されているのかはわかりにくいのが「このタコ！」。そもそも、なぜ「タコ」を悪口で使うようになったかについては諸説あるようです。

江戸時代、幕府には将軍がいて、その将軍に会うことができる武士を「御目見《おめみえ》以上」と表現したそうです。「御目見以上」の人たちは、将軍に会うことができない人たちを、自分たち以下であるという揶揄を込めて、「以下（いか）！」と罵ったそうです。この**「いか！」への返答として「たこ！」という言葉が駄洒落のように使われ、そのまま悪口として定着した**という説があります。

他にも、なるべく少ない打数で終わらせなければならないゴルフにおいて、8打もしてしまうことをタコの足の本数になぞらえて、「タコ！」と罵ったのだそう。つまり、「下手くそ」と言う意味で生まれたという説もあります。

さらに、タコは空腹でたまらなくなると自分の足を食べてしまうそうです。人の短絡的な行動を、このタコの行動になぞらえて「タコ！」と言うようになったという説もあります。

さらにさらに、坊主頭のお坊さんを罵るときに「タコ！」と言っていたのが、他の場面でも使われるようになったという説まで。実に様々ですね。

ところで、「諸説あり」というのは、非常に便利な言葉です。すでにこれだけたくさんの説があるのですから、「諸説あり」という断りさえ入れれば、自分で勝手に提唱した説でも、「諸説」のなかに含むことができるわけです。なので、都合よく一説つくってしまいましょうね。

私の提唱する説は、こう。**タコには吸盤がついていますよね。**「吸盤がついている」→「きゅうばんがついている」→**「９番がついている」**。

サッカーにおいて背番号９番をつけるのは、ＦＷ（フォワード）と呼ばれる、相手ゴールへシュートを決めるポジションの人。
そう。元々、「タコ！」は、**「君はいつだってアグレッシブに攻めてるよね！」**という意味で、褒め言葉だったのです。

たまにあるんですよ、こういうふうに勘違いされている言葉。元々の意味を間違えて使う人が多いから、その間違えた意味のほうが正しいと思われてしまっている言葉。

「タコ！」もその1つなんでしょうね。皆さんは正しい意味で、つまり、「君はいつだってアグレッシブに攻めてるよね！」という意味で解釈しましょう。
なので今後は、「タコ！」と言われた場合、**「そうさ！　そしていつだって、エーストラ〝イカ〟でもあるのさ！」**と、とびきり鼻につく感じで言い返しましょう。

では最後に魔法の一言を添えておきます。諸説あります。

31

「ガリガリ」と言われたら

小さい頃から痩せ型だった私は、いつもこの言葉を浴びせられていました。ダイエット中の方から、「いいやん！　うらやましい！」などと言われることもありますが、やはりガッチリとした強そうな見た目に憧れる思春期には、言われるたびに傷ついたものです。

そもそも、「ガリガリ」と当たり前に使っていますが、どこからきた言葉なのでしょう？　そもそも、何語なのでしょう？　はたまた、擬音の類なのでしょうか？

調べてみたところ、これまた諸説ありましたが、どうも仏教の中の言葉である可能性が高いようです。

「ガリガリ」は漢字で書けば、「我利我利」となります。これは「**我利我利**《がりがり》**亡者**《もうじゃ》」から来ており、「我利我利亡者」は**自分の利益だけを考えて行動する人**のことを言うのだそうです。

ここで少し疑問が湧きました。自分の利益だけを考えて行動する者の姿を想像すると、どうしても暴飲暴食の果て恰幅よくなっている姿が頭に浮かんできます。「ガリガリ」はあまり食べないイメージですが、「我利我利」はものすごく食べているイメージです。なぜでしょう？　もう少し調べれば、答えがありました。

仏教の考え方では、自分の利益のためだけに行動するような人、つまり「我利我利亡者」は、死後、**餓鬼に姿を変えてしまう**のだそうです。

この餓鬼、漫画などで見たことがある方もいらっしゃるかと思いますが、非常に痩せ細った姿をしています。餓鬼は飢えと乾きに苦しみ、食べ物や飲み物を手に取っても全て火に変わってしまい、決して満たされることはないという、なんとも悲惨な運命にあります。

つまり、「我の利益！　我の利益！」と生きていた人が行き着く姿が痩せ細っている姿であることから、「我利我利（ガリガリ）」が痩せている人を指すようになったのでしょう。我利我利は餓鬼になる。餓鬼は痩せている。だから痩せている人のことは「我利我利」と呼ぼう！　といった具合に。

さて、前置きが長くなってしまいましたが、対処法をご紹介しましょう。

「ガリガリ！」と言われたらまず、漢字に変換しましょう。前述の通り、「我利我利」ですね。

「我」という字を中国語読みすると、「ウォー」のような音になります。「あなたを愛しています」を意味する、「我愛你《ウォーアイニー》」の「ウォー」ですね。「利」の発音は日本語に近く、「リー」です。つまり、**「我利我利！」は、「ウォーリーウォーリー！」と読める**わけです。

「ウォーリー」と聞いたら、思い浮かぶ言葉はなんですか？

「を探せ」ですよね。

幼い頃に、ひときわ大きなサイズの本を開いては、目を凝らしながら探しましたよね、ウォーリーを。図書室でウォーリーを探そうと思って本を開くと、誰かがすでにウォーリーに印を付けていて、怒りを覚えた経験がある人も少なくないはずです。皆の思い出に刻み込まれている、あのメガネの青年です。

つまり、「ガリガリ！」は、「ウォーリーウォーリー！」と解釈できるわけですから、「あなたを探していた！　あなたに会いたかった！　ようやく見つけたよ！」というふうに捉えることができます。

なので今後は、「ガリガリ！」と言われた場合、**「待っていたよ。よく見つけたね。さぁ私と一緒に、人生の次のページへと進もう！」**と鼓舞してあげましょう。

32

「お前いつまでフラフラしてるんだ」と言われたら

「お前いつまでフラフラしてるんだ？」というお決まりのこのセリフ、親が子に言う場面が多いでしょうか？「いい歳して仕事もしないで、いつまでフラフラしてんの？」のように。

久々に会った同級生にも言われるかもしれません。「いい加減ちゃんとした仕事しろよ！　もうフラフラしてる歳じゃないだろ？」といった具合に。

書いていて耳が痛いです。まあ、実際には音声は鳴っていないので耳は痛くないのですが。**私も何度も言われたことがあるセリフ**です。

お笑い芸人という仕事を選んだのはもちろん自分の意志だったのですが、出身高校は京都でも有数の進学校、大学も国立大学とあり、同級生には弁護士やお医者さんなどがたくさんいるわけです。そんな友達と比較して、アルバイトをしながらお笑いをやっている自分の身の上はコンプレックスでした。

しかし、自分がフラフラしているという自覚はありませんでした。「他者から見ればフラフラ漂っているように見えて致し方ないが、それは夢へ向かって泳いでいる途中だからなのであって、自分の感覚としては、一切フラフラなんてしていないんだ。むしろ、前へ前へと泳ぎ続けているが、くすぶっているだけなんだ。いつか俺だって、素敵な大海原で日の目を見るんだ。今に見てろ！」と思っていたからです。きっと同じ思いの方はたくさんいるかと思います。そんな**同志**に対処法を送りたいと思います。

さて、「フラ」について考えてみましょう。**「フラ」と聞けば、「フラダンス」**のことだとイメージする方が多いかと思います。では、「フラダンス」の「フラ」っていったいなんでしょうか？

実は、「ダンス」なのです。そう、ハワイの言葉で、「ダンス」のことを「フラ」というのです。つまり、**「フラダンス」は、「ダンスダンス」という意味**なのです。「サハラ砂漠」や、「チゲ鍋」と同じ原理ですね。「サハラ」は現地の言葉で「砂漠」という意味なんだそうです。「チゲ」も韓国語で

「鍋」という意味。この類の言葉は、他にもありますので興味がある方はぜひ調べてみてください。

ということで、「フラ」を「ダンス」と捉えれば、「お前、いつまでフラフラしてるんだ?」という、**大変明るい質問**へと変化してしまうのです。なんなら、「夢に向かって手や足をばたつかせて必死で泳ぐ自分の姿を、ダンスをしているのだ!と、ポジティブに捉えてくれている素敵な人じゃないか!」とまで思えてきますよね。

なので今後は、「お前いつまでフラフラしてるんだ?」と言われた場合、**「いつまで? この鼓動という名のBGMが鳴りやんじまうその日までさ!」**と、とびきりの笑顔で伝えましょう。

33

「犬！」と言われたら

今回は、「犬！」と言われた場合の対処法です。「○○の犬！」と言えば、「○○に媚びへつらっているやつ！」なんて意味になります。

この言葉は、2つの側面からひどいなと感じます。かわいそうなのは、「犬！」という言葉を浴びせられた当人はもちろんですが、ワンちゃんも同じです。ただ、毎日一生懸命に生きているだけなのに、悪しき例として使われるワンちゃんも非常に不憫《ふびん》ですよね。

ワンちゃんは、「**人間の一番の友達**」と称されることがあります。もちろんこれには理由があります。なんと、数万年も前の人たちの暮らしを示す遺跡からは、ワンちゃんの骨が一緒に見つかっているそうです。つまり、そんなはるか昔からワンちゃんは人間と共生し、狩りのお手伝いをしたり、人々に癒しを与えたりしてくれていたわけです。

また、ワンちゃんの学名（生物学的な名称）である「カニスルプスファミリアーリス」には、「カニスルプス」という「狼」を表す言葉に加え、「ファミリアーリス」という、**「家庭内の」**という意味の言葉も入っています。

歴史的に見ても、生物学的に見ても、ワンちゃんたちが我々人間の〝友達〟であることは明らかなわけです。

つまり、今回の「犬！」という言葉の解釈を変えることができれば、罵倒された人も、そしてワンちゃんたちをも救えるわけです。「生類憐《しょうるいあわ》れみの令」を出し、「犬将軍」とまで呼ばれた、江戸幕府5代将軍徳川綱吉《つなよし》の時代にもし生きていたら、私は江戸幕府のファミリアーリスだったかもしれません。

さて、本題。「犬！」と言われたら、まずは漢字を思い浮かべてみましょう。「犬」ですね。何かの形から着想を得て出来た漢字を象形文字というのですが、「犬」もその1つ。この字は耳を立てたワンちゃんの姿から出来たのだそう。

右上にちょこんと点が打たれているのを見ると、何か思い出しませんか？　数学などで使った「ダッシュ」です。「A'」は「エーダッシュ」と読みましたね！　この「ダッシュ」を付けることによって、類似物、つまり似ているものを表しています。「A'」なら、「Aに近いもの」を表すわけです。

となると、「犬」も、「犬'」に見えてきます。そう、「ダイダッシュ」です！　つまり、「犬」は「大に近いもの」と解釈できるわけです。

こう考えれば、「○○の犬'」は、「○○の大きいバージョンに近い」と捉えることができますね！　つまり、「○○の進化版」という意味です。「会社の犬」も、「会社の犬'」となり、「会社の進化版」となります。

「○○に媚びへつらっているやつ！」という意味だったのに、あっという間に「○○を越える存在」という意味に変わってしまいましたね。

なので今後は、「○○の犬！」と言われた場合、「滅相もないわん！」と言って、ワンちゃんのように可愛らしく舌を出してさしあげましょう。

34

「あらやだ」と言われたら

今回は少し変化球ですが、「あらやだ！」と言われたときの対処法です。人生の先輩世代のお姉様方がよく使われているイメージですね。やはり先輩世代からのお言葉だけあって、ダメージも大きいかと思いますので、対処法を知っておいて損はないでしょう。

「あらやだ」を検索してみると、あるサイトには「おばさん臭い雰囲気を醸す表現」とありました。「あらやだ！」に続けて、「可愛い！」などのポジティブな言葉があれば、お姉様方からの褒め言葉になるのですが、**軽蔑の目線とともに飛ばされる「あらやだ！」は破壊力抜群**です。

「あらやだ！　この子は汚らしいわねぇ」とか、「あらやだ！　この子は世間の常識ってものを知らないのねぇ」と、付随する言葉が容易に想起されてしまうものです。少しでもダメージを減らすためにはどうすればいいのか？

「あらや」について考えてみましょう。皆さんは、「あらや」をご存知ですか？

おそらく多くの方がご存知ないでしょう。「あらや」はズバリ、**数の単位**なのです。数字が大きくなっていくとき、「一、十、百、千、万、」と大きくなっていきますが、小さくなるときにも同様に決まったものがあります。

「0・1、0・01、0・001、」を表すときには、「分、厘、毛、」と続いていくのです。これまた諸説ありますが、「分、厘、毛、糸、忽、微、繊、沙、塵、挨、渺、漠、模糊、逡巡、須臾、瞬息、弾指、刹那、六徳、虚空、清浄、阿頼耶、阿摩羅、涅槃寂静」と続いていき、ここに書いた**後ろから3つ目の「阿頼耶」を「あらや」と読む**のです。「1阿頼耶」は、10のマイナス22乗、つまり**小数点の後に0が21個つくほど小さい数**です。

ではこの「阿頼耶」とは何か？

「阿頼耶」は、仏教に由来する言葉です。「阿頼耶識」というものがあり、それは「根本の心」だそうです。私たちが普段自覚している意識のさらに深いところにあって、私たちを突き動かしている、それが「阿頼耶識」です。

もともと「阿頼耶」には「蔵」と言う意味があるそうです。普段出入りすることはないけれども、大切なものがたくさん保管されている蔵は、その家の生活を根本から支えているわけです。

それと同じように、普段は意識しない阿頼耶識も、私たちの意識を支えているのですね。ちなみに「ヒマラヤ」は「ヒマ（雪）のアラヤ（蔵）」から来た言葉だそうですよ。

さて、お姉様方の「あらやだ！」も「阿頼耶だ！」と変換することができますね。つまり、あなたが「あらやだ！」と言われた場合、「根本的に支えてくれる力だ！」と解釈することができます。

なので今後は、「あらやだ！」と言われた場合、「そんな滅相もない！

そんなだいそれたことはわたくし、1つも、いや、1分も、いやいや、1厘も、いやいやいや、1毛も（中略）1清浄も、いや、1阿頼耶もございません！」と言い返しましょう。

35

「君、ミスが多いね」と言われたら

御簾

「ミス」と聞いて、皆さんは何を思い浮かべますか？

英語における女性の敬称でしょうか？　かつては、既婚女性には「Mrs.（ミセス）」、未婚女性には「Ms.（ミス）」をつけるのだと習いました。しかし、既婚や未婚で区別することを避けるために「Ms.（ミズ）」を用いるようになり、近頃では、性別を問わず「Mx.（ミクス）」を用いるそうです。

はたまた思い浮かべるのは、「みすみすやられる」の「みすみす」でしょうか？　これは「目の前にそれを見ながら」とか、「他になす術もなく」という意味の言葉です。

たくさんの「ミス」がある中、私は、「御簾《みす》」を思い浮かべます。「簾」は「すだれ」と読みます。ご周知のとおりのあの「すだれ」です。この「すだれ」に、敬意を表す「御」をつければ、御簾となるのです。「源氏物語」や「枕草子」でもよく出てくるのがこの御簾です。

平安時代の恋愛は、非常に大変なものでした。当時の高貴な女性は、外で顔を見せることがありません。では、男性たちはどのように女性を選ぶのかというと、「うわさ」なのです。「あそこの家の女性は美しいらしい」「あそこの家の女性は教養があるらしい」といううわさを頼りに女性を見つけ、お手紙を送ります。

どうしても顔を見たいと思えば、家の外から中を覗き込んで、ほんの一瞬のチャンスを狙います。**今やってしまえば犯罪**ですが、この時代は当たり前のことだったようです。このときに、竹垣などの隙間をのぞいていた様子から、「垣間《かいま》見る」という言葉が生まれたと言われています。

よその家の男性はもちろんですが、家族でさえも、女性の顔を見ることは難しかったそうです。成人した女性は、父親や兄弟と会話をするときでさえも、顔を見せることはありません。ここで活躍したのが、御簾です。御簾を隔てて顔を合わせることなく言葉を交わすのです。

つまり、昔から御簾の向こう側は、ベールに包まれている場所だったのです。

さて、ここで表題の件に戻りましょう。「ミスが多い」は「ミスミスミスミスミスミス…」となる。つまり、「御簾御簾御簾御簾御簾御簾…」なのです。御簾が何枚も重なっているわけです。

こう考えれば、「君、ミスが多いね」は、「君ってとっても神秘的だね！」と同義になります。「もっと君のことを知りたいのに、なかなか君は本当の君を見せてくれないじゃないか！　でもそんなところに惹かれるんだ！」という意味ですね。

なので今後は、「君、ミスが多いね」と言われた場合、「これが本当の御簾テリアス！」と言い返しましょう。

36

「君、センスないね」

と言われたら

「ミスが多い」に続いて、これまたグサリとくる否定です。

「センス」は「社会人としてのセンス」のように、「良識」という意味で使われたり、「ファッションセンス」のように、「物事の味わいを微妙なところまで感じとる感覚」という意味で使われる言葉です。

「センスないね」と言われると、**なんだか自分の内面の大部分を全否定されて、自信をなくしてしまうように感じる**のは、私だけではないはずです。

変換の仕方は、お察しの通り、「センス」を「扇子」だと捉えること。つまり、「君、センスないね」と言われたら、**「君、扇子ないね」**だと考えましょう。

扇子を使われる方も多いと思いますが、その目的はなんですか？　ご自身に風を送って、涼しくなること、ですよね？

　ではここで、扇子の起源をご紹介しましょう。諸説ありますが、時は遡って平安時代初期。当時、宮中では文字を使う人が多くなっていました。紙が高級品であるこの時代、文字を書くときに用いていたものが、木簡《もっかん》という木の板でした。やがて、この木簡を持ち歩くために、何枚も重ねて片方だけを綴ったものがつくられます。これは「檜扇《ひおうぎ》」と呼ばれ、扇子の起源だと言われています。今でいうと、**メモ帳**のように使われていたのではないでしょうか？

　時は流れて平安時代中期。檜扇のような形の骨組みに紙を貼り付けた「蝙蝠扇《かわほりせん》」が作られます。開いた様子が蝙蝠《こうもり》に似ていたことから、そう呼ばれたそうです。この蝙蝠扇は、夏に風を起こして涼をとるためにも使われました。

　そう。扇子が涼しくなるために使われ始めたのは、扇子が生まれてしばらく経ってからのお話。もともとは、貴族の人たちが大切なことを書き留めたり、行事の際に必要なことを書いておいたりすることに使われていました。いわば**扇**

子は「カンペ」のような役割を果たしていたのです。

この事実を知れば、「君、センスないね」は、「君、扇子ないね」となり、「君、カンペも必要ないぐらい色々なことが頭に入っていて教養があるんだね！」と解釈することができます。一気に褒め言葉に変わりましたね！

なので今後は、「君、センスないね」と言われた場合、「滅相もない！いつでも謙虚に。それが私の〝奥義〟ですから」と、涼しい顔して言い返しましょう。

「君、扇子ないね」を単に、「君は扇子であおぐ必要がないぐらい、アツくなることなくいつだって冷静だね」という意味に捉えるのもありですね。その場合は、「ありがとうございます。〝内輪〟モメとか、嫌いなんで」とクールに言い返しましょう。

37

「うるさい、だまれ」と言われたら

さて、本書の中ではたくさんの対処法をご紹介していますが、**それらを実践したとき、相手から返ってくるであろう、「うるさい」や「だまれ」への対処法**もご紹介したいと思います。

まず、「うるさい」について。「うるさい」は、**「売るサイ」**と変換します。

「サイ」は、動物のサイのこと。

ここで少しサイについてご説明しましょう。サイの特徴はなんといってもまずあの鋭いツノでしょう。**あのツノ、実は骨ではなく、私たち人間の髪や爪と似た成分であるケラチンというタンパク質でできているそう**です。

ということはつまり、あのツノ、どんどん伸びるそう。しかも一生。伸びてくると岩や木に擦り付け、形を整えるのです。草食動物ですが、縄張意識が強く、敵とみなした相手には突進し、ツノでもって攻撃を仕掛けるのです。

さらに特徴的なのは皮膚。皮膚はかなり分厚く、5cmに達する部分もあるほどだそうです。**肉食動物の牙も刺さらないほどで、まさに鎧を着ているような状態。**

そしてそして、1トン以上にも及ぶ巨体をもつサイですが、**なんと時速50kmで走る**こともできるのだそう。

さて、「売るサイ」は、「売るほどの価値があるサイ」という意味。つまりは、**「君は、売る価値があるほどに攻守・スピード全てを兼ね備えたユーティリティプレイヤーだね！」**という解釈ができるわけです。

なので相手に何か悪口を言われて対処法を実践した際、「うるさい」と返された場合は、「もちろん！　どんなこともお茶の子サイサイ！」と返しましょう。

これで2ラリー目も完璧ですね！

相手はさらに食い下がって「だまれ！」とくる可能性があります。

「だまれ」は「駄稀」と解釈しましょう。これは、「〝駄目〟なことが〝稀（まれ）〟である」の略だと考えましょう。駄目なことがまれということはつまり、駄目なことが滅多にないということなので、「駄稀」は、「君、アベレージ高いよね！」と捉えることができます。

なので2ラリーでも収まらず、「だまれ」と言ってきた場合は、「そんな、だまれやなんて滅相もない！　駄ザラですよ！　駄ザラ！」と、スタミナの強さを見せつけましょう。

1つ例を示すなら、

A「おいお前！　○ね！」

B「僕1人ではとても無理だ。君も一緒に、世界を照らしてくれないか？」

A「何言ってんの？　うるさい！」

B「もちろん！　どんなこともお茶の子サイサイ！」
A「はぁ？　だまれ！」
B「そんな、だまれやなんて滅相もない！　駄ザラですよ！　駄ザラ！」

といった具合になるわけですね。
いかがですか？　この強さ！
私には、**Ａのたじろぐ顔が目に浮かびます。**

38

「イライラする」と言われたら

さらに続けて、本書に書かれている対処法を実践したときに返されるであろう他の言葉も想定して学んでいきたいと思います。

たとえば、

A「アホ！」

B「俺（ole）！　に全てを委ねて、大船に乗ったつもりで居れ（ole）！」

という会話をしたとき、Aが、「何言ってんだこいつ？」と、会話の不成立にストレスを感じる可能性は否めません。すると、「イライラする！」という言葉が飛んでくるかもしれませんね。

その他の対処法であっても、同様のリアクションがあることが予想されます。

そこで、「イライラする」と言われた場合の対処法をお教えしたいと思います。

「イライラ」を漢字で書けば、「苛苛」となり、「物事が思い通りにいかず、不快に感じるさま」という意味です。皆さん自身も日常で頻繁に感じてしまう感覚ですよね。

「イライラ」は、漢字ではなく、同じ響きのオリジナル英単語にしてしまいましょう。**「era era」**です。

「era」は「時代」という意味の英単語です。たとえば、明治時代は「Meiji era」となります。

そして、「イライラする」の「する」を「スルー」にします。「ドライブスルー」の「スルー」です。「～を通り抜けて」という意味ですね。

まとめると、「イライラする」は、**「era era スルー」**となります。こう考えると、**「時代時代を通り抜けて」**と解釈できますね。

つまり、「イライラする」は、**「君は時代を跨いで活躍する人だね！」**という意味になります。

芸能界には、昭和から平成を跨いで、令和もなお活躍されるレジェンドがたくさんいらっしゃいますが、その方々に匹敵するぐらいのポテンシャルを秘めているのだというメッセージです。

なので今後は、「イライラする！」と言われた場合、「**私の〝ショーは〟始まったばかりだ。なんだって言いなさい。〝礼は〟いらない**」と、言って〝平静〟を装いましょう。

また、「イライラしてくる」という言い回しをされる場合もあるかもしれません。「era era してくる」ですので、「時代時代してくる」となり、これは、「**時代を跨いでタイムスリップしてくる**」と解釈できますね。

なので、「イライラしてくる」と言われた場合は、「**おー、それはそれはお気を付けて！**」と見送ってあげましょう。

A「アホ！」

B「俺（ole）！　に全てを委ねて、大船に乗ったつもりで居れ（ole）！」

A「はぁ？」

B「だから、俺（ole）！　に全てを委ねて、大船に乗ったつもりで居れ（ole）！」

A「何言ってんの？　イライラする！」

B「私のショーは始まったばかりだ。なんだって言いなさい。礼はいらない」

A「イライラしてくるって言ってんの！」

B「おー、それはそれはお気を付けて！」

A「だから何言ってんの？　うるさい！」

B「もちろん！　どんなこともお茶の子サイサイ！」

A「はぁ？　だまれ！」

B「そんな、だまれやなんて滅相もない！　駄ザラですよ！　駄ザラ！」

A「きも！」

B「ありがとう！　そんな君はオルニチン!!」

いかがですか？

あなたはもう、無敵かもしれませんね。

誹謗中傷と戦うコラム②

「他者からの批判の中にこそ、あなたのオリジナリティのヒントがある」

皆さんは、他者から批判を受けたり、悪口を言われたりしたとき、どう対処しますか？　この本にあるような発想の転換でうまく流すことができるでしょうか？　もちろん、筆者としては、そうなってほしいものです。そのためにこの本を書いていますから。

しかし、そのような精神状態に至るのは、そう容易《たやす》くないはずです。また、その精神状態に至ったとしても、やはり、悪口は傷つくものです。もちろん、私だって。

そんなときに思い出していただきたいのが、表題の名言です。私は初めてこの言葉を耳にしたとき、スッと心が救われる気分になったことを鮮明に覚えています。

一度聞いただけでは、意味まではなかなかわからないと思いますので、恐れ多くも、私なりに解説してみたいと思います。

要するに、「他者からの批判の中には、あなたの個性のヒントが隠れている」ということです。

たとえば、「変な声だね！」と言われた人がいるとしましょう。きっとその人は落ち込み、傷つくでしょう。最悪の場合、人前で話すことすら、億劫《おっくう》になってしまうかもしれません。

しかし、どうでしょう？　仮にその人が歌手になる未来を想像してみてください。浴びせられる言葉はきっと、「個性的な声だね！」に変わるはずです。しゃがれた声、とても高い声や低い声、歌詞がはっきりと聞き取れないほど、癖のある声。様々な歌手の方がいらっしゃいますが、「もともとコンプレックスだった」とおっしゃる方も多いですよね？

「変な声」であるということは、言い換えれば、「みんなとは違う」ということ。つまり、「あなたしか持っていない個性だよね！」

ということなのです。

ある企業の開発部にいらっしゃる方から、興味深いお話を聞いたことがあります。

いざ、何か新しい商品を開発するとなったとき、世間の方々の何%ぐらいの需要を目指して開発すると思いますか？　言い換えれば、100人いたら、そのうち何人の方が必要としそうなものを開発すると思いますか？

もちろん、ヒット商品を生み出したいわけですから、多くの需要を狙って開発するものだと思ってしまいます。

ところが、**なんと答えは1%**。つまり、100人いたら、1人だけが必要としそうなものを目指して作るのだと、その企業の方は教えてくれました。

なぜか？　多くの方が必要としているものは、すでにこの世に存在しているからです。

非常に極端な例えですが、新しい靴を作るときに、「楽に歩きたい人」のために作るのではなく、「後ろ向きに歩きたい人」のために作るのです。

そのように、1％の人に向けて作れば、誰も見たことがない、革新的なものが生み出されるわけです。

声の話も同じですよね。普通の声で歌っても、すでにどこかで聞いたことがある歌になりますが、「変な声」で歌えば、今まで聞いたことのない、革新的な歌に聞こえるかもしれません。

声に限らず、全てにおいてそうだと私は思います。

他者から、「変だね」と言われても、傷つく必要はありません。それは、誰も見たことがない、あなたの個性や、あなたすらも気付けなかったオリジナリティのヒントを与えてもらっていると思えばいいのです。

素晴らしい言葉ですよね?

これ、実は、私みながわの名言です。繰り返しになりますが、私は初めてこの言葉を聞いたときに、救われる気分になりました。しかも、自分の耳の、最寄りの口から聞くことができるなんて。私は、幸せ者です。

第3章

嫌なことを忘れるための雑学

39

飲み会に呼ばれなかったとき

ここからは「誹謗中傷の言葉」ではなく、思わず心が折れるシチュエーションへの対処法をご紹介していきます。

トップバッターは、「飲み会に呼ばれなかったとき」。

ふとインスタグラムを開くと、友人が投稿した飲み会の写真が目に入る。その友人が、とびきりの笑顔でグラスを掲げる横に、いつも一緒に遊んでいるグループの友人も笑顔で写っている。**「あれ？　私、誘いの連絡すらもらってないんだけど？」**なんてこと、ありますよね。

辛いでしょう。寂しいでしょう。次にどんな顔して会えばいいんだろうか？　どうして誘ってくれなかったかを聞くべきなんだろうか？　様々な思いが駆けめぐるでしょう。

結論から申し上げると、全てスルーで大丈夫です。あなたはラッキーなのだから。なぜラッキーなのか？　説明しましょう。

皆さんは知っていますか？

人間の手には、常に菌が大量に付着しています。入念にアルコール除菌を施した直後でも、その数は数万以上になるそうです。もちろん、その飲み会に参加していた、あなたの友人たちの手にも。

「ペットは飼い主に似る」と昔からよく言います。つまり、あなたをのけ者にした友人たちの手の平の菌たちは、その友人たちに似るわけです。きっと、「友菌」をのけ者にする菌たちなのでしょう。

友人たちがテーブルの上のものに触れるたびに、手の平の菌たちは、お互いがお互いをのけ者にして、片方は手の平に残り、片方は触れられたものの方へ移動するのです。それを繰り返すのです。

このようにして、**人をのけ者にするような人たちが集まる飲み会は、身の回りの物が、ものすごいペースで不衛生になっ**

ていくわけです。お皿にも、お箸にも、みんなが触るお醤油の瓶にも菌たちが！　ばっちぃですね。

いかがでしょう？

ラッキーでしょう？　行かなくてよかったですね。

そんな友人は放っておいて、別の人に目を向けましょう。
あなたを裏切らず、大切に寄り添ってくれる友人の手の平には、友菌に寄り添い、決して離れようとしない菌たちがたくさんいることでしょう。
信頼のおける仲間たちと一緒に、楽しく、そして清潔な飲み会へ出掛けませんか？

40

電話で詰められた場合

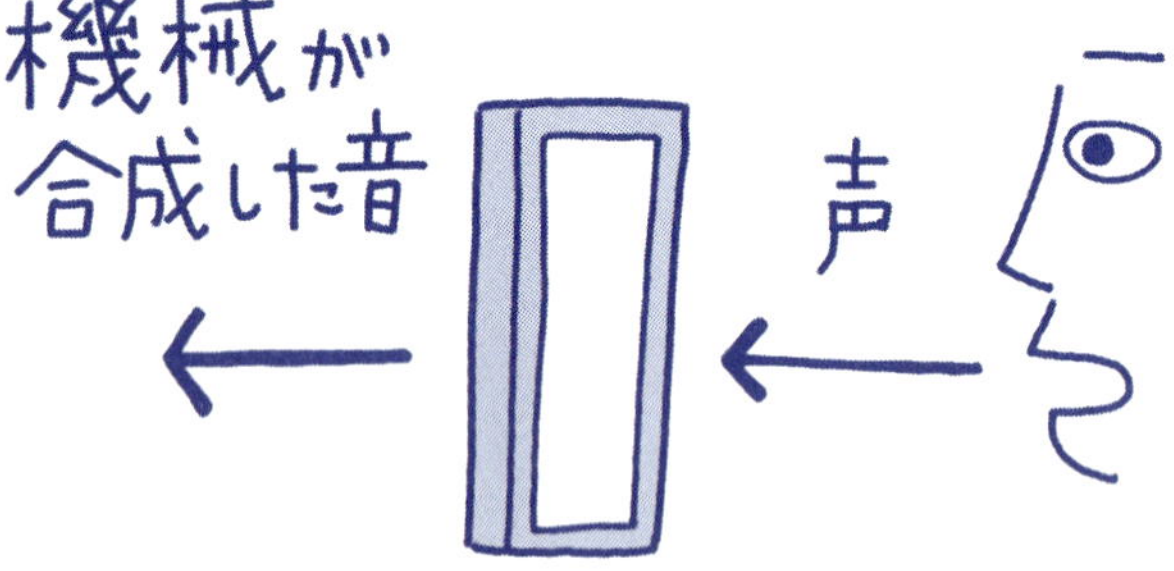

「電話恐怖症」という言葉があるそうです。文字通り、通話することの不安、相手とコミュニケーションを円滑に取ることができるのかというプレッシャーなど、電話に対して恐怖心を抱くことを指すそうです。

たしかに電話って、なぜか毎回緊張しますよね。相手の表情を見ずに会話をしなければならないため、相手の感情が読み取れません。怒っているのか、笑っているのかもわからない。

そんな、受ける側がただでさえ恐怖心を抱いてしまい、緊張感を持ってしまう電話という手段を使って、理不尽に怒ってくる人もいます。

怒る側の心理として、強い相手だとしても、すぐに手を出される心配はないし、反論されれば切るという手段を持っているために、顔を合わせて話すときよりも気が大きくなるのでしょう。

では、いざ自分が電話で理不尽に怒られた場合、どうすればいいのか？　答えは簡単！　**機械音を聞いていると思って、適当にやり過ごせばいい**のです。

これ、あながち嘘ではありません。実は、携帯電話から聞こえてくる相手方の声は、**「ハイブリッド符号化方式」**なるもので、**本人の声に似せて作られた合成音**なのです。

つまり、あなたの耳に届いているその怒声は、ただの機械音。本物の相手の怒声は、この**合成音の「材料」**でしかないのです。そう、考え方によっては、あなたの携帯電話から、ただ無機質に音が流れているだけだと解釈できるのです。

しかも、相手の声が変換され、あなたの携帯電話に届くまでには、およそ0・2秒のタイムラグがあります。つまり、あなたの耳へ届いているのは、**相手の、0・2秒前という過去の発言**です。

滋賀県長浜市にある長浜城歴史博物館には、豊臣秀吉や浅井長政《ながまさ》などの声を再現したモンタージュボイスを聞くことができる展示があるそうです。文献や肖像画などをもとに、技術でもって再現したのでしょうか。

電話の声も、まさにこれと同じ。「電話相手の過去の声を再現した機械音を、携帯で聞いているだけ」と思えばいいわけです。

そして、電話の向こうの「材料」も、怒りというエネルギーを消費するにつれて弱くなっていきます。それを気長に待ちつつ、時には技術の進歩に感心でもしながら、適当に相槌を打ち続けましょうね。

41

誕生日を祝って もらえなかったとき

毎年必ずやってくるお誕生日。楽しい気持ちで待つ人も、そうでない人もいるでしょう。

誕生日を迎えても、誕生日会なんて誰も開いてくれない！　と卑屈になり、１年に１度、自分の人望を測る目安の日にしてしまっている人もいるのではないでしょうか？

そんな考えは、この機会に改めましょう。そもそも、**誕生日を祝うようになったきっかけを紐解けば、誕生日を祝ってもらえないことなんて、何も気にすることはないのだと気付きますから。**

誰かが１つ歳を重ねることを祝う習慣の起源には、実に様々な説があるようです。その中でも私がよく耳にする説は、ドイツで始まったとされる説。

15世紀のドイツでは、「キンダーフェスト」という習慣があったそうです。**誕生日には、悪霊が子どもの命を狙いにやってくるものだから、**

1日中ケーキのろうそくに火を灯して、神に祈りを捧げたそうです。

この「キンダーフェスト」が起源だとすれば、もともと誕生日会というものは、主役を「祝う」ためではなく、「守る」ためにあったということになります。

つまり、今の誕生日会という文化そのものが間違えているのです。悪霊から身を守るため、つまり自分の命を守るための火を、自ら笑顔で吹き消し、みんなが「おめでとー！」と叫ぶ。

こんなもの、当時のドイツの人々からすれば、ブラックジョークに満ちたコントのようなものです。「いや、何してんねん！」です。「Hör auf！」です。

そんな、いわば本場であるドイツでの現代の誕生日会は、他者ではなく、誕生日を迎えた本人が主催するというのが一般的だそうです。

そう。本場ドイツの歴史と文化にのっとれば、誕生日会は自分の身を守るためのものであり、なおかつ自分で開くものということになります。

誕生日を祝ってもらえず落ち込んでいるあなたも、この根本に忠実に考えるのです！

「あー、私強いし、悪霊にも勝てそうだし、今年は誕生日会開かなくてもいっか！　友達も開催を促す素振りとか見せないし、やっぱ私って、強いやつって思われてるわー！」

と考えましょう。

42

経歴にコンプレックスがある人へ

若いときの経歴は、ずっと付いてまわるものですね。

「私は勉強できたからー」とか、「俺はスポーツ万能でー」とか、他者の経歴をひけらかされて、嫌な気分になった経験がある人も多いことでしょう。

なかには経歴をコンプレックスに感じて、大人になってからも引っ込み思案になってしまっている人もいるのではないでしょうか？　この人には敵わないんだろうなと、自信をなくしてしまっていませんか？

でもそんなのもったいないと思うんです。今回は、そんな皆さんの気持ちが、ほんの少しでも楽になればと思っています。


多くの人は昔の自慢をするときに、「学生時代にさー」といった具合で話します。皆さんが当たり前に使っている言葉ですが、**「学生時代」の定義をしっかりと考えたことはありますか？**　ざっくりと期間をイメージできるとは思いますが、厳密にいえば、実は多くの人が間違えています。

学校教育法において、「学生」の定義は「高等教育における課程に在学している者」とされているそうです。この「高等教育」、「高校」のことだよね！と思ってしまいますが、実は違うんです。

「高等教育」というのは、大学、大学院、短期大学、高等専門学校における教育です。

高校の期間は「高等教育」には入りません。

では、高校に在籍している期間はなんというのか？それは「中等教育」です。「え？じゃあ中学校に在籍している期間はなんていうの？」となりますよね？それも「中等教育」なんです。ややこしいですよね。

つまり、仮に小学校→中学校→高校→大学と進学した人にとって、「学生時代」とは、「高等教育」を受けている期間を指すのですから、大学の在籍期間のみということになるわけです。

ちなみに、中学校、高校に通う「中等教育」を受ける人のことは「生徒」、小学校に通う「初等教育」を受ける人のことは「児童」と呼ぶそうです。

要するに、「俺、学生時代にさー」で始まる自慢話で、高校時代の話をすると、矛盾が生じることになります。**高校時代の自慢をしたいのなら、「俺、生徒時代にさー」で始めなければならない**わけですね。小学校時代に何かしらの功績を残した方は**「俺、児童時代にさー」**となります。

今後、「俺、学生時代はサッカーで全国いったんだよねぇ」とか、「私、学生時代ずっと成績は学年トップだったんだよね」と言う人に出会ったら聞いてみてください。

「それって、高校生のとき？」と。

「うん、そうだよ」と返ってきたなら、**「かぁー！　言葉間違えてやがらぁ！　こいつすました顔して、学校教育法知らねぇのかよ！」**と内心マウントをとってやりましょう。これでほんの少し、気持ちが楽になるのではないでしょうか？

43

周りの人が完璧に見えてしまうとき

自分に自信を持てていますか？　上司や先輩から、「ほんと仕事できないよね」などという言葉を浴びせられ、自信を失っている方も多いかと思います。他者からそんな言葉を投げかけられると、決まって自分で自分を責めてしまう人もいるでしょう。「なんで私だけこんなにできないんだろう？　周りの人は完璧に見えるのに」といった具合に。

そんなとき、こっそり他者を見下してみませんか？　完璧な人なんて誰もいない。日々みんな、失敗をしながら生きています。

今回は、**他者の失敗の見つけ方と、上手なあざけ笑い方**をお教えしましょう！

まずは、文章について。SNS利用者で溢れる現代において、文字によるやりとりは必須かと思います。もちろん、上司や先輩とやりとりすることもあるでしょう。叱責してきた人も、きっとたくさん間違えているはず。

たとえば、「そんなことも出来ないの？」と送られてきた場合。実は、**「出来る」は間違い**なんだそうです。何が違うかといいますと、**「できる」を、動詞の意味で用いる場合は、平仮名表記にする**というルールがあるのです。常用漢字表に「出来る」という動詞や副詞的用法の漢字の読みが載っておらず、漢字で書くのは「出来がいい」のように、名詞として用いる場合のみ。

なので、「そんなことも出来ないの？」と来たら、「申し訳ありません」と返信をしつつ、心の中で、**「あなたこそ、『そんなこともできないの』を正しく打つこともできないの？」**と、心の中であざけ笑いましょう。もしこの本の中にそのような間違いを見つけた場合も、私をあざけ笑ってください。

続いては、文章でも会話でも使える技です。

「君、資料もちゃんと見れないの?」などと言われた場合。「見れる」は「ら」抜き言葉で、**正しくは「見られる」**です。他にも、「食べれる」ではなく「食べられる」、「着れる」ではなく「着られる」のようにたくさんあります。


私が使っている見分け方は、「よう」をつけるやり方。動詞のあとに「〇〇しよう!」の「よう」をつけることができるかどうか? たとえば、「見よう!」「食べよう!」「着よう!」は、全て「よう」がつけられるので、「見られる」「食べられる」「着られる」と、可能の表現のときには「ら」をつけるべき言葉です。

対して、「走る」「切る」などは、「走ろう!」「切ろう!」となり、「よう」はつかないので、「ら」はつけなくていい言葉、といった具合に見分けています。

なので、「君、資料も見れないの?」と言われた場合は、心の中で、「**こいつもしかして、『ら』を発音できないの? かわいそうに。**」

一生、大黒摩季《おおぐろまき》歌えないじゃん！」とあざけ笑いましょう。

他にも、行きたくもない社員旅行に連れて行かれたり、そんなに仲良くもない友達と旅行へ行くことになってしまうことがあるかと思います。そんなときに使える技もご紹介しましょう。

「いやー、いい温泉だった。すごく硫黄《いおう》のにおいがしたね！」と言うなど、「硫黄のにおい」は温泉での常套句だと思います。

実は**あの温泉のにおい、硫黄のにおいではありません。**なぜなら、**硫黄は無臭**だからです。あのにおいの正体は、硫黄と水素の化合物である硫化水素です。

なので苦手な相手が「硫黄のにおいがしたね！」と言っていたら、心の中で、「**かわいそうに。知識まで一緒にさっぱりしちゃって**」とあざけ笑いましょう。

これらのミスは世の中に溢れているので、ぜひ実践してみてくださいね。

44

それでも周りの人が完璧に見えてどうしようもないのなら

それでも、周りの人が完璧に見えてしまい、自分に自信が持てない人は、たくさんいらっしゃると思います。

そこで前項に引き続いて、**他者の小さな失敗を見つけ、心の中でこっそり見下し、あざけ笑うスキル**をお教えしたいと思います。

まずは、「君、メンタル弱いね」と言われた場合。何かに失敗して、またはひどいことを言われるなどして、元気を無くしたり不機嫌になると頻繁にとんでくる言葉ではないでしょうか？

そもそも、人が不快に思うかどうか、そのレベルはどのぐらいからか、なんて客観的な線引きはないわけですし、勝手に判定してんじゃないよといったところです。しかし、勝手なやつにそんな正論をぶつけても、勝手な暴論を返してくるだけなので、ここはそっと引いて、そっとあざけ笑うほうが賢明です。

「メンタル」は、ご存知の通り「mental」という英単語からきています。この「mental」を英和辞典で引くと、「精神的な、心の」と出てきます。つまり、「mental」は「精神」とか「心」のような名詞的な表現ではなく、形容詞的な表現なのです。

したがって、「君、メンタル弱いね」を直訳すれば、**「君、精神的な弱いね」や、「君、心の弱いね」**となります。**文法的に明らかに間違えている**わけです。

「精神」や「心」のように名詞の意味を表現したければ、「mentality《メンタリティ》」と言わなければなりません。つまり、**「君、メンタリティ弱いね」**が正解になるのです。

なので、「君、メンタル弱いね」と言われたら、心の中で、**「君、英文法弱いね。でもそんなこと言ったらきっと逆ギレするんだろうね。メンタリティ弱すぎありえんティ」**とあざけ笑いましょう。

他にも、飛行機の話をするとき。「JALじゃなくてANAで取ってって言ったじゃん！」とか、「ANAじゃなくてJALで取ってって言ったじゃん！」とキレてくる人がいるかもしれません。

そんなとき、ぜひその人の呼び方を注意して聞いてください。JALは「Japan Airlines」の頭文字で、読み方も「ジャル」なのです。

問題は「ANA」のほう。「ANA」は「All Nippon Airways」の頭文字なのですが、読み方は「エーエヌエー」です。**「アナ」ではなく、「エーエヌエー」**です。正式な読み方です。飛行機に乗ったときや空港に行ったとき、テレビCMでも注意して聞いてみてください。絶対に「エーエヌエー」とアナウンスされています。一説には、「アナ」は「穴」が連想され、好ましくないからだそうです。

なので今後、気にくわない人が「ANA」を「アナ」と言っていたら、**「エーエヌエーだよ。恥ずかしいだろう？　テメーの口から出たそ**

の〝アナ〟に、自ら入らせてもらえば？」とあざけ笑いましょう。

もう1つ。体調の話をするときに、「熱はないんだけど」と言ったりしますよね？「高熱はない」とか、「平熱」ならわかるんですが、「熱がない」だと、理論上、「体温がマイナス273度で原子の動きが全て停止してしまっている状態」ということになります。

なので、気にくわない人が「熱はない」と言っていたら、「当たり前だろ。停止してるのはあんたの思考のほうだよ」と心の中であざけ笑いましょう。

ちなみに、「熱がある」と言ってきた場合も、「当たり前だろ。仮に体温がマイナス272度だとしても熱はあることになるんだよ。日本語ちゃんと使えよ！」と、熱を持ってあざけ笑いましょう。

45

気分が沈んだ日に読んでほしい文章

嫌なことが重なる日ってありますよね。

気分が沈んで、「もうだめだ」とか、「私の人生は不幸だ」なんて考えてしまうこともあります。でもそれ、もったいないですよ。

平均寿命と同期間の生涯を全うすると仮定したとき、あなたの人生は、3万685日もあります。つまり、**その気持ちが沈む日は、あなたの人生のたった3万685分の1。**


あなたが神宮球場で野球を見ている真っ最中に、「ただいま、**場内の座席が1つ壊れてしまった**ため、球場が使用できなくなりました。お帰りください」というアナウンスが入ったらどう思いますか？　「何考えてんだよ！　なんの支障もないだろ！　ふざけんな！」と思いますよね？

スーパーのレジで、「おい！　昨日ここで**5kgの米を買ったけど、欠けてる米が8粒あったぞ！**　金返せ！」と言ってるクレーマーを見たらどう思いますか？　「バカじゃないのか⁉　それがどうしたんだよ！　というか、よく全粒チェックできたな！」と思いますよね？

友達が、「ねぇ聞いてねぇ聞いて！　今ダイエットしてるんだけど、**1ヶ月で2グラム痩せたの！**」と言ってきたらどう思いますか？「何が嬉しいんだよ！　爪切っただけじゃねぇの？」と思いますよね？

たった1日で人生を悲観するということは、それぐらいおかしなことなのです。やめましょう。

また、辛いときや悲しいとき、その感情を司っているのはどこでしょう？

もちろん、脳です。

さらに詳しくいえば、大脳です。さらに詳しくいえば、大脳辺縁系です。さらに詳しくいえば、扁桃体《へんとうたい》です。「扁桃」という言葉、実はアーモンドの和名です。

まさにアーモンドみたいな形をしているので、「扁桃体」というのだそう。

そう、つまり、**「悲しい」と思ったとき、あなたの身体の中で悲しいのは、小さなアーモンドサイズの部分だけ**なのです。他の部位は悲しくありません。

あなたの身体の大部分は無事で、アーモンドが悲しんでいるだけ。悔しくはありませんか？　あなたの成長した立派な身体が、小さな小さなアーモンドごときに影響されるなんて！　他はなんともないのに！　アーモンドなんかに負けていてはだめなんです！

たとえば１７０㎝の身体の中の、１・５㎝のアーモンド。いわば、六本木ヒルズのメインタワーの中の自動販売機です。自動販売機が故障していたら、「はー、せっかく六本木ヒルズのぼったのに、最悪の気分だわ」って、思いますか？　思いませんよね？　それと同じことなのです。

さぁ！　笑いましょう！

46

眠れない夜に読んでほしい文章

眠れない夜ってありますよね。身体は疲れているし、お昼寝をしたわけでもないのに眠れない。

考えられる原因は2つ。何か楽しみなことがあってワクワクしているか、不安や悩みがあるかのどちらかでしょう。

前者は幸せな悩みですから、何も心配はいりません。その状況すらも楽しんでください。

問題は後者。後者の状態にあるそこのあなたに、ぐっすり眠っていただきたいのです。

ぐっすり眠るために、数えましょう。何をって？　もちろん、羊ではありませんよ？　なぜなら、**羊を数えても意味がない**からです。

そもそも羊を数える文化は、英語圏で生まれたそうです。なぜ羊が選ばれたのでしょうか？　羊は英語で、「sheep」です。発音をざっくりカタカナで書けば、「シープ」ですね。実は、この「シープ」が、「眠る」を意味する「スリープ(sleep)」と発音が近いことから、羊が選ばれました。羊を数えて、何度も「シープ！」と唱えれば、自分自身に「スリープ！」、つまり「眠れ！」と暗示をかけているような状態になるのです。

さらに、「シープ」と発音するときには、伸ばし棒があるため、ゆっくりと息を吐きます。この呼吸も、身体をリラックスさせる効果があるというのです。

日本語を母国語とする人が、羊を数えても意味がない理由をわかっていただけたでしょうか？

「シープ」を直訳した「ひつじ」を発音しても、「ねむれ」とはかけ離れていますし、「シープ」のように伸ばし棒がないため、息を吐くこともありません。

では、何を数えればいいのか？　私なりに考えてみました。条件は、「ねむれ」に発音が近い言葉であること。なおかつ、発音するときにゆっくりと息を吐くことができる、伸ばし棒が含まれる言葉であることです。

この2つの条件を満たす言葉はズバリ、「ネームプレート」です。「ネームプレートが1枚、ネームプレートが2枚、ネームプレートが3枚」と数えれば、「ねむれ」と聞き取れなくもないですよね！　さらに、伸ばし棒は「シープ」より1本多い！

「眠れ！」と暗示をかけることと、伸ばし棒1本分の息を吐くことが、ちょうど同じだけの効果をもたらすと仮定します。そして、それぞれを1度行うごとに1ポイントが加算されるとしましょう。

英語圏の人が「シープ」と1度唱えれば、「眠れ！」の暗示で1ポイント、伸ばし棒1本分で1ポイントの計2ポイントであるのに対し、日本語を母国語とする人が「ネームプレート」と一度唱えれば、「眠れ！」の暗示で1ポイント、伸ばし棒2本分で2ポイントの、計3ポイントが加算されます。

つまり、**日本語を母国語とする人が「ネームプレート」を数えることで、英語圏の人が「シープ」を数える場合よりも1・5倍の効果が期待できる**のです！

英語圏の人が「シープ」を100匹数え終わったとき、あなたの「ネームプレート」がまだ100枚でも、それは羊150匹分の価値があるということです！　やったぁ！

よくわからなかったですか？　わからなければもう一度、理解できるまで、よく読み直してみてください。きっとそのうちに眠くなります。おやすみなさい。

47

涙が止まらないときに読んでほしい文章

たくさんの対処法をご紹介していますが、それでも悲しみに耐えきれず、不意に涙が止まらなくなるときがあるかもしれません。

でも大丈夫。**涙が止まらないのは、あなただけではありません**よ。この本を読んでいるあなたの目の前に誰か人がいれば、今まさにその人も涙を流しています。

美味しいものを目の前にしたときにヨダレが垂れるという描写をよく目にしますが、目の前に何もなくても、唾液自体は常に口の中で分泌されていますよね？涙も同じ。唾液のようには意識しづらいですが、**いついかなるときも涙腺から流れ出し、あなたの目を覆い、保護してくれている**のです。だから、あなただけではありません。安心してください。みんなみんな涙を流しながら生きていますよ。

余談ですが、よく口説き文句で、「君に涙は似合わない」とか、「君の涙は、僕が消してあげるよ」と聞きますが、**全てドライアイの推進**ということになりますね。

さて、涙はみんながいつだって流しているとはいえ、多量に分泌されてどうしようもないときもありますよね。目の保護に必要な量以上が流れて、周りの人から声を掛けられる場面もあるかと思います。もちろんみんな、良かれと思って声を掛けてくれていると思います。「どうしたの？」とか、「何があったの？」というふうに。

とてもありがたいですが、正直「放っておいてくれ！」と思うことも多いですよね？　かといって、「放っといて！」と言うわけにもいきません。

そこで、「こりゃ、放っておくほうがいいな」と相手に思わせる術をご紹介します。

注目したいのは、ウミガメです。皆さん、ウミガメが産卵のとき涙を流すのはご存知ですよね？　涙を流しながら、懸命にたまごを産み落とす母ガメの映像をご覧になったことがある方も多いかと思います。とても健気で、生命の神秘を感じますね。

ところがあれ、別に辛くて泣いていたり、感動して泣いているわけではありません。**ずばり、塩分濃度調節です。**ただの、塩分濃度調節です。塩類腺というところから塩水を出すことで、餌などから吸収してしまった過剰な塩分を排出しているのです。

仮にカメと会話ができるとして、「涙を流してまでたまごを産んで。なんて立派な！　がんばれー！」と言っても、「いや、別に。塩分濃度調節です。あなた方人間でいえば、腎臓が担っている役割ですね」と返されてしまうわけです。応援する気も、慰める気もなくなりますよね？

これを応用しましょう。もし今後、涙を流すあなたに誰かが、「どうしたの？

何かあった?」と聞いてきたら、「あ、涙流れてました? 気付かなかった。塩分濃度調節です。塩類腺という器官から比較的塩分濃度の高い液体を分泌して、体内の塩分濃度を一定に保ってるんですよね」と言えば、「なんや。こいつ余裕あるやん」と思ってもらえますし、ひいては、「こいつ、面倒くさそうやな。こりゃ、放っておくほうがいいな」と思わせることもできますね。

「どんな人生だってウイニングラン」

皆さんは、人間が生まれてくる確率について考えたことがありますか？　当たり前に日々を過ごしていますが、その当たり前の日々が始まる確率を考えたことがありますか？

この件に関しては、様々な説や計算法があると思うのですが、一例をご紹介しましょう。

人間がこの世に生まれてくる確率は、50兆分の1だそうです。ピンときませんよね？

身近なところでいえば、あなたが誰かとジャンケンをして勝つ確率は3分の1。つまり、誰かとジャンケンをして勝つよりも、およそ16700000000000倍難しいのです。とてもわかりやすくなりましたね。

とてもとても単純な計算ですが、オリンピックで金メダルを獲る、つまり、80億人分の1になるよりも、6250倍難しいのです。

要するに、**あなたがこの世に生まれてきた時点で、あなたはとんでもない確率を勝ち抜いた勝者**であるということです。金メダルを獲るよりずっとずっとすごいのです。

とんでもなく低い確率のことを成し遂げて生まれてきた、**あなたの人生それこそが、長い長いウイニングラン**だと思うのです。**勝利を噛み締めて、気持ちよく走り続ければ、それでいい**のです。

金メダリストは笑顔でスタジアムを駆け抜けますよね？　曇った顔で走っている金メダリストを見たことがあるでしょうか？

あの金メダリストよりも、６２５０倍素晴らしいことを成し遂げているのだから、笑顔で走りましょうよ！　50兆分の1を勝ち抜いたことを誇らしげに見せつけましょうよ！　そして同じく50兆分の1を勝ち抜いた周りの人と、称え合いましょうよ！　笑っていきましょうよ！

え？　なんですか？

「金メダリストは50兆分の1の確率を勝ち抜いて、なおかつ80億人分の1人になっているわけだから、合わせて4000垓《がい》分の1の確率を勝ち抜いている。私たちの50兆分の1よりもはるかにすごいんだから、私たちはあの人たちみたいには笑えなくて当然じゃないか？」

ですって？

うるさいです。笑いなさい。

第4章

短編読み物
「なぜ彼は誹謗中傷してしまうのか」

彼は大学生。自信家である。幼い頃から家庭環境に恵まれ、いつでも自分を褒めてくれる家族が周りにいた。学校へ通うようになっても、友達より勉強もでき、運動神経も良い。容姿端麗で、女の子からもモテた。

今の歳になってからもその容姿は変わらず、学歴もついてきた。日々自信に満ちて生きている。

そんな彼には、ある癖がついてしまっていた。

それは、他者を採点すること。

大学の友達Aを見て、「こいつは喋る話にいつもオチがない。それに服がダサいな。大学生という肩書きをもつ人間として**55点てところかな**」

また、友達Bを見て、「こいつは成績が悪い。それに女の子からは全くモテない。40点」

といった具合に、自分の関わる人に点数をつけながら生きている。

今日もA、Bと講義の合間に話している。

Aが得意げに話す。

「この間家族で北海道行ったんだよねぇ」

彼はAを横目に思う。

「北海道？　土産の1つももらってないや。マイナス2点」

Bが興味深そうに話に加わる。

「どこ行ったの？　札幌なら俺も行ったことあるよ！」

彼は楽しげなBを横目に思う。

「サッポロの『ポ』のときに唾が飛んでやがる。不衛生だ。マイナス2点。ここからも一回唾が飛ぶごとにマイナス2点。こいつ、ピンチだぞ、そろそろ。パ行が来たら終わりだ。かわいそうに」

彼は、30点を下回った人間とは付き合いをやめると決めている。自信家の彼ならではの生き方だった。

「札幌は行かなかったんだ。今回はスキー旅行だから」と話すA。Bは一命をとりとめた。

Aは続ける。「今回は『比べる布』って書いて、比布《ぴっぷ》スキー場に行ったんだよ」

Bが首を傾げながら聞く。「ぴっぷ?」

Bは一気にマイナス4点を喰らってしまった。幸いにもその後、パ行のお出ましはなかったものの、Bが彼に見限られるのも時間の問題となった。


彼はアルバイト先へ行ってもまた採点。

「この先輩はすでに30歳。お笑い芸人をやっているらしい。いい歳してまだ夢を見てる。大きく減点」

すでに30点を下回っているこの先輩に、彼はいつも挨拶すらしない。

「店長は40代で独身。毎日この店に来て家に帰って、退屈な生活を送っているんだろう。大きく減点。現在32点。ピンチですよ店長」

心の中で、店長に警鐘を鳴らす。

「それ、かっこいいジーパンだね！」と店長が言う。彼は「ありがとうございまーす」と返しながらも、「ジーパンて。また言ってるよ。古いっつーの。はい、マイナス1点」と呟いた。

この店長は「ジーパン」という言い回しで小刻みに減点されてきた。そして30点目前まで来てしまったのだ。パ行で唾が飛ばないことが、不幸中の幸いだったものの、店長に残された「ジーパンチャンス」はあとわずか2回だ。

彼が家に帰って、ＳＮＳを見ても採点は続く。

お笑い芸人が、ジムでトレーニングに励む動画が流れてきた。彼の中でのお笑い芸人の定義は、「面白いことをする人」である。もちろん、筋トレをする姿を見て、「芸人のくせに、面白くもないことをやって」と減点する。

テレビをつければ、若い女性タレントがニュース番組でコメンテーターを務め、ニュースに対して意見を述べている。彼の中での若いタレントの定義は、「謙虚でハキハキした人」である。世の中に物申すなんてけしからん。これも減点対象である。

お気付きの通り、彼の採点は全て減点法である。彼の中で、「〇〇とはこういうもの」という定義を設け、そこから逸脱するポイントを見つけるたびに減点していく。

彼に加点法はできない。**なぜなら、加点法は難しいからだ。**

加点法には、想像力や知識が要る。たとえば、お笑い芸人が筋トレをすることで、その芸人が「芸人が何やってるんだよ!」と他の芸人にいじられ、新たな笑いが生まれるというメリットには、想像力がなければ気付けない。だから彼には、「芸の幅を広げている」という加点はできない。

堅いイメージがあるニュースに対して、若年層が興味を持つために若いタレントが起用されているということを彼は知らない。だから「年長者に混ざって難しいポジションをこなしている」という加点はできない。

自分の知識と想像力の欠如に、自信家の彼が気付けるはずもない。

学校の友達やアルバイト先の人たちが30点を下回れば、「無視」という形でダメージを与えることができる。しかし、このＳＮＳで流れてくる芸人や、テレビに映る若いタレントには、直接ダメージを与えることができない。

そこで彼がとる手段は、ＳＮＳでのコメントである。

筋トレをするお笑い芸人の動画に、「これ芸人のやることですか？　面白くないですね。そんなことをしてる時間があるならネタを考えたらどうですか？　私はあなたのネタで笑ったことないですよ？」と書き込む。

コメンテーターの若いタレントのSNSに、「偉そうにモノを言わないでください。あと、全然可愛くないです。ニュースに薄っぺらいコメントをする時間があるなら、もっと自分を磨いては？」と書き込む。

これが彼なりの制裁だった。もちろん、悪気などない。彼にとっての世界は、彼に見えているものが全てなのだから、この制裁は、彼からすれば正義なのだ。相手のために必要なものだと思っているのだ。

そんなふうにして過ごしていたある日、ふとネットニュースが目に留まる。

「人気タレント、活動休止へ」

あの、コメンテーターをしていた若い女性タレントに関する記事だった。SNS上での度重なる誹謗中傷に悩み、体調を崩したという内容だった。

彼のもとへダイレクトメッセージが届いている。

「お前、毎日のようにひどいコメントしてたよな？　最低だな。人間のクズ」

彼女のファンらしき人のアカウントからだった。

彼は思う。

「顔も名前も明かさずに人を傷つける人間。マイナス30点」

また別の人からもメッセージが届く。

「最低。クズ。責任とって◯ねよ」

彼は思う。

「なんでそんなことが平気で言えるんだ。何を言っても、文章なら相手が傷つかないとでも思ってるのか？　マイナス30点」

どんどん届くメッセージ。

「おい、クソガキ。アイコン見たけど、お前みたいなブス生きてても価値ねーよ」

彼は思う。

「見ず知らずの相手の容姿を罵る。人として最低な行為だな。マイナス30点」

さらに、

「お前、ろくな大人にならねーよ。俺にはわかる」

彼は思う。

「自分を棚に上げて、まるで自分が偉いかのように他者をさげすむ。マイナス30点」

そしてそんな中、「お前が今までしてきたこと、全部残してるから。自分が何したかしっかりと自覚しろよ」というメッセージが。そこから画像が何枚も送られてきた。それは、彼が今まで彼女に送ったコメントのスクリーンショットだった。


彼はここでようやく気付いた。正義感に基づいて送っていたコメントゆえ、彼には罪の意識など一切なかった。有名人がこれぐらいのコメントを受けるのは当然のことだとすら思っていた。**しかし、自分は加害者だったのだと初めて気付いた。**

「顔も名前も明かさずに人を傷つける人間」は自分だ。「何を言っても、文章なら相手が傷つかないと思ってる人間」も自分だ。「見ず知らずの相手の容姿を罵る人間」これも自分だ。「自分を棚に上げて、まるで自分が偉いかのように他者をさげすむ人間」全て自分だ。

瞬く間に、彼は彼自身を減点しなければならなかった。

女性タレントのファンたちの恨みは相当のものだったのだろう。メッセージは絶え間なく彼の元へ届く。彼はすかさずＳＮＳの設定画面を開き、誰も自分にメッセージを送れない設定にした。

ほっとため息をつき、「半端じゃないな、こいつら」と呟いた。「ぱ」のところで唾が飛んだが、彼には減点できる点数はもう残っていなかった。

どんな悪口も一瞬でポジティブ変換!

誹謗中傷対策講座

2024年11月30日　第1刷発行

著　者　　ネイビーズアフロ　みながわ

発行者　　矢島和郎
発行所　　株式会社 飛鳥新社
〒101-0003
東京都千代田区一ツ橋2-4-3　光文恒産ビル
電話（営業）03-3263-7770（編集）03-3263-7773
https://www.asukashinsha.co.jp

イラスト　室木おすし
ブックデザイン　大場君人
協力　吉本興業株式会社
印刷・製本　中央精版印刷株式会社

落丁・乱丁の場合は送料当方負担でお取替えいたします。
小社営業部宛にお送りください。
本書の無断複写、複製(コピー)は著作権法上での例外を除き禁じられています。

JASRAC 出 2408343-401

ISBN 978-4-86801-038-8
© Navy's Afro Minagawa 2024, Printed in Japan

飛鳥新社
公式X(twitter)

お読みになった
ご感想はコチラへ